Patanjali

Patanjali Yoga Sutras

Augewählte Sutren mit
Kommentaren von
Taimni, Govindan, Sukadev

zusammengestellt von
Albert Tigges

Bibliografische Information der Deutschen Nationalbibliothek:
Die Deutsche Nationalbibliothek verzeichnet diese Publikation in der
Deutschen Nationalbibliografie; detaillierte Daten sind im
Internet über http://dnb.dnb.de abrufbar.

Herstellung und Verlag
BoD-Books on Demand
Norderstedt

ISBN 9783752869743

Vorwort

Im Lauf der Jahre habe ich mehrere Bücher über Patanjalis Yoga Sutras gekauft. Kürzlich erstand ich als letztes Buch das von I.K. Taimni. Weil in seinem Titel Patanjali nicht vorkommt, kam ich erst auf Umwegen zu dem Buch. Es ist von allen das ausführlichste. Beim Lesen kam mir die Idee, eine Synopsis mehrere Kommentare zu erstellen.

Jeder der Kommentatoren bringt eigene Aspekte ein, die sich ergänzen.

Manchmal verlassen sie dabei den Rahmen der Texte von Patanjali, z.B. in der Aussage, Erleuchtung bedeute die Vereinigung von Shiva und Shakti. Sie verlassen aber nie die Grundlagen der spirituellen Traditionen. Alles in allem eine Bereicherung.

Yoga ist vor allem Üben. Es geht also um praktische Philosophie.

Im Nachwort ab Seite 78 füge ich noch einige Zitate aus anderen Quellen an.

Ausgewählt wurden die Verse I. 2, 3, 4, 12, 13, 16, 23, 27, 51 II. 2, 3, 4, 5 III. 1, 2, 3, 4, 8, 50, 51 IV. 29, 30, 31, 32, 34.

In den Texten sind etliche Sanskrit Worte. Es gibt für sie (z.B. Karma) keine passende Übersetzung. Auf S. 95 ist ein Glossar.

Patanjali
Yoga Sutras

Ausgewählte Verse mit Kommentaren von
Taimni, Govindan, Sukadev

Yoga hat die Wurzel Yug, was „vereinigen" bedeutet. Es ist verwandt mit dem deutschen Joch. Gemeint ist die Wieder-Vereinigung der Seele (Jivatma) mit ihrem göttlichen Ursprung (Paramatma). Yoga umfasst die Übung zur Erreichung der Einheit und den Zustand der Vereinigung.

Was heute allgemein unter Yoga verstanden wird, hat damit nichts mehr zu tun und ist eine Erfindung des 20. Jahrhundert, die zunehmend kommerzialisiert wird. Patanjali meint mit Asana die Körperstellung, in der man lange Zeit beschwerdefrei meditieren kann.

Über Patanjali ist wenig bekannt. Man vermutet, dass er im 2. Jht. n. Chr. gelebt hat. Sein Standardwerk über Yoga beschreibt in 195 Versen 8 Glieder: Yama, Niyama, Asana, Pranayama, Pratyahara, Dharana, Dhyana und Samadhi. Die letzten 3 bilden den zentralen Kern.

Das erste Kapitel „Samadhi (befreites oder erwachtes Bewusstsein, vollkommenes Erkennen) Pada" befasst sich mit Definition und Methodik des Yoga.

Das zweite Kapitel „Sadhana (Übung) Pada" befasst sich mit den Hindernissen und den ersten fünf (äußeren) Übungen.

Das dritte Kapitel „Vibhuti (Entwicklung, Kräfte) Pada" beschreibt die letzten 3 (inneren) Übungen und die außergewöhnlichen Kräfte (Siddhis).

Im vierten Kapitel „Kaivalya (Befreiung) Pada" geht es um die Natur des Verstandes, um die Begrenzung durch mentale Muster und deren Überwindung.

I.2. Yogas citta-vrtti-nirodhah.
Yoga = (die wesentliche Technik des) Yoga; citta = Verstand, Geist; vrtti = Modifikationen; nirodhah = Unterbindung, Zurückhalten, Aufhören, zur Ruhe kommen

Taimni (Inder)
I.2. Yoga ist die Unterbindung/das Aufhören der Modifikationen der Psyche.

Diese ist eine der wichtigsten und bekanntesten Sutren der Abhandlung, nicht nur, weil sie sich mit einem bedeutenden Grundsatz bzw. einer Technik von praktischem Wert befaßt, sondern auch, weil sie in nur vier Worten das Wesen des Yoga definiert.

Beginnen wir mit dem Worte Yoga. Dieses hat in Sanskrit zahlreiche Bedeutungen. Es leitet sich ab von der Wurzel Yuj; das heißt „vereinigen", und der Gedanke der Vereinigung liegt all seinen Bedeutungen zugrunde. Welches sind die beiden Dinge, die durch Übung des Yoga vereinigt werden sollen? Nach den höchsten Vorstellungen der Hindu-Philosophie, von der die Wissenschaft des Yoga ein integraler Bestandteil ist, ist die menschliche Seele, der Jivatma, eine Facette bzw. ein partieller Ausdruck der Überseele oder Paramatma, der göttlichen Wirklichkeit, welche der Ursprung bzw. die Grundlage des manifestierten Universums ist. Obschon diese beiden ihrem Wesen nach gleich und unteilbar sind, wurde dennoch der Jivatma subjektiv vom Paramatma getrennt und ist dazu bestimmt, nach Durchlaufen eines Entwicklungszyklus im manifestierten Universum mit ihm im Bewußtsein wiedervereint zu werden. Dieser Zustand der Einheit beider im Bewußtsein wie auch der mentale Prozeß und die Disziplin, durch die diese Vereinigung erreicht wird, werden beide Yoga genannt.

Dann kommen wir zu dem Wort Citta, das sich ableitet von Cit oder Citi(IV-34), einem der drei Aspekte des Paramatma, die im Vedanta Sat-Cit-Ananda heißen. Dieser Cit-Aspekt liegt der Formseite des Universums zugrunde, und durch ihn wurde es erschaffen. Die Spiegelung dieses Aspektes in der individuellen Seele, die ein Mikrokosmos ist, wird Citta genannt. Citta ist also jenes Instrument bzw. Medium, durch das der Jivatma seine individuelle Welt materialisiert, in der er lebt und sich entwickelt, bis er vervollkommnet und mit dem Paramatma vereint wird. Grob gesagt, entspricht Citta demnach der „Psyche" der modernen Psychologie, doch seine Bedeutung und sein Wirkungsfeld sind umfassender. Während Citta als universelles Medium angesehen werden kann, durch welches das Bewußtsein auf allen Ebenen des manifestierten Universums funktioniert, ist die „Psyche" der modernen Psychologie lediglich auf die Äußerungen des Denkens, Fühlens und Wollens beschränkt.

Wir sollten jedoch nicht den Fehler machen, Citta als eine Art materiellen Mediums anzusehen, das in verschiedene Formen gestaltet wird, wenn Mentalbilder verschiedener Art produziert werden. Es ist grundsätzlich von der Art des Bewußtseins, das immateriell ist, aber von der Materie beeinflußt wird. Es mag in der Tat als ein Erzeugnis beider gelten, von Bewußtsein und Materie bzw. Purusa und Prakrti, da seine Funktion das Vorhandensein beider bedingt. Es gleicht einem ungreifbaren Bildschirm, mit Hilfe dessen das Licht des Bewußtseins in die manifestierte Welt projiziert wird. Das wirkliche Geheimnis seines Wesens liegt indessen im Ursprung des manifestierten Universums verborgen und kann erst erfahren werden, wenn Erleuchtung erreicht wurde.

Das dritte Wort, das wir in dieser Sutre zu untersuchen haben, ist Vrtti. Es entstammt der Wurzel Vrt, das heißt „existieren". Vrtti ist also eine Art des Existierens. Wenn wir die Art und Weise untersuchen, wie ein Ding existiert, können wir auch seine Veränderungen, Zustände, Tätigkeiten bzw. Funktionen erkennen. All diese Bedeutungen sind in der von Vrtti mit inbegriffen; doch wird dieser Ausdruck in dem vorliegenden Zusammenhang am besten als „Modifikationen" oder „Funktionsweisen" übersetzt.

Bei dem Versuch, die Citta-Vrttis zu verstehen, müssen wir uns vor einigen Mißverständnissen hüten, die bisweilen eintreten, wenn der Gegenstand nicht gründlich genug studiert wurde. Als erstes müssen wir beachten, daß Citta-Vrtti keine Schwingung ist. Wie weiter oben erwähnt, ist Citta nicht materiell und daher kann nicht von einer

Vibration in ihm die Rede sein.

Zweitens müssen wir in diesem Zusammenhang beachten, daß Citta kein Mentalbild ist, obwohl es im allgemeinen mit Mentalbildern assoziiert wird. Die fünffältige Klassifizierung der Citta-Vrtti in Spruch I.5 zeigt dies deutlich. Es mag unzählige Arten von Mentalbildern geben, doch der Verfasser hat sie in nur fünf Klassen eingeteilt.

Als letztes Wort haben wir Nirodha zu untersuchen, das von dem Ausdruck Niruddham stammt. Dieser heißt „zurückgehalten", „kontrolliert", „unterdrückt". All diese Bedeutungen sind auf die verschiedenen Stadien des Yoga anwendbar. Zurückhaltung ist auf den Anfangsstufen geboten, Kontrolle in den fortgeschritteneren Stadien und Unterbindung bzw. vollkommene Unterdrückung im Endstadium. Spruch III.9 befaßt sich näher mit dem Thema Nirodha, und der Schüler lese aufmerksam, was in diesem Zusammenhang ausgeführt wurde.

Hat der Studierende den Sinn der vier Worte dieser Sutre begriffen, wird er erkennen, daß sie das Wesen des Yoga meisterhaft definiert. Die Wirksamkeit der Definierung liegt in der Tatsache, das sie auf alle Stadien anwendbar ist, durch die der Yogi vorwärtsschreitet, sowie auf alle Entwicklungsphasen des Bewußtseins, die dieser Fortschritt zur Folge hat.

Govindan (US-Amerikaner)

I.2. Yoga ist das Aufhören der [Identifizierung mit den] Fluktuationen [die] im Bewußtsein [entstehen].

An dieser Stelle ist es angebracht, zunächst einige Begriffe aus der Tradition des indischen metaphysischen Denkens zu erläutern: den Begriff der Natur (prakrti) und den Begriff des Selbst (purusa). Prakrti ist alles, was außerhalb des Selbst existiert. Sie schließt den gesamten Kosmos von der materiellen bis zur geistigen Ebene ein. Anders als das Selbst (Ich bin....), das rein subjektiv ist, ist prakrti objektive Realität. Sie ist das, was vom Selbst wahrgenommen wird. Sie ist wirklich, wie vergänglich sie auch immer sein mag. Purusa, das Selbst, existiert als reines Subjekt im innersten Kern des Bewußtseins. Es erhellt das Bewußtsein. Ohne das Selbst gäbe es keine bewußten Regungen in Intellekt und Psyche, ebenso wie eine Glühbirne ohne die unsichtbare Elektrizität kein Licht ausstrahlen würde. Prakrti existiert als Natur sowohl in ihrem transzendenten, undefinierten Zustand als auch in ihren vielförmigen, differenzierten Manifestationen. Dieses Selbst muß unterschieden werden vom Begriff des Selbst, wie es innerhalb der Begrenzungen von Persönlichkeit und Körper verstanden wird. Daher spricht man auch vom „wahren Selbst" als dem ewig unveränderlichen Wesenskern im Menschen, dem atman oder jiva, im Unterschied zu dem „kleinen Selbst", der Person oder Persönlichkeit als Summe unserer Erinnerungen und begrenzten Identifikationen, die durch Egoismus zusammengehalten werden.

Die scheinbare und irrtümliche Identifikation des Selbst, des Sehenden, mit den Manifestationen der Natur, dem Gesehenen, ist die Ursache des menschlichen Leids und das grundlegende Problem des menschlichen Bewußtseins. Die Gewohnheit, sich mit seinen Gedanken, Emotionen und Wahrnehmungen, d. h. dem Ego, zu identifizieren, ist die Krankheit des menschlichen Bewußtseins. Die Fluktuationen (vrtti), die im Bewußtsein entstehen, müssen gereinigt werden von Egoismus, von der hartnäckigen Gewohnheit zu meinen „Ich bin dieses Gefühl", „Ich bin diese Erinnerung", „Ich bin diese Wahrnehmung". Dies geschieht durch systematisches Üben des Loslassens, wobei man sich sagt: „Ich bin mir dieser Emotion, Erinnerung, Wahrnehmung bewußt, aber ich bin nicht diese Emotion, Erinnerung, Wahrnehmung".

Sukadev (Deutscher)

I.2. Yoga ist das Zur-Ruhe-Bringen der Gedanken im Geist.

Der Geist ist wie das Wasser in einem See, auf dessen Grund ein Schatz ruht. Wenn das Wasser sich bewegt, entstehen Wellen, und wir können nicht auf den Grund schauen, um diesen Schatz zu sehen. Nirodha ist das Zur-Ruhe-Kommen des Geistes, was als einer der fünf Grundzustände des Geistes gilt.

Die 5 Grundzustände des Geistes:

•	nirodha	ganz ohne Gedanken
•	ekagrata	vollkommen konzentriert

- viksipta   sammelnd
- ksipta   zerstreut
- mudha   unklar

Wenn man die Gründe für die Bewegung ausschaltet, also nicht mehr so zwanghaft auf äußere Ereignisse reagiert, wenn man sein Unterbewußtsein langsam reinigt - das ist ein langanhaltender Prozeß - und sein prana harmonischer macht, wird der See langsam ruhiger. Dann kommt man öfter zu viksipta und ekagrata, dann allmählich zu nirodha und schließlich auch zu „tada drastuh svarupe vasthanam", wo „der Sehende in seinem wahren Wesen ruht". - Aber bis dahin dauert es eine Weile!

I.3. Tada drastuh svarupe vasthanam.

Tada = dann; drastuh = der Sehende; svarupe = in seiner 'eigenen Form' oder wesentlichen und ursprünglichen Natur, in seinem wahren Wesen; avasthanam = niederlassen, ruhen.

Taimni
I.3. Dann hat sich der Seher in seinem eigenen, ursprünglichen Wesen niedergelassen.
Diese Sutre zeigt in genereller Weise auf, was geschieht, wenn alle Regungen des Verstandes auf allen Ebenen vollkommen blockiert wurden. Dann hat sich der Seher in seinem eigenen Svarupa niedergelassen oder - mit anderen Worten - seine Verwirklichung erreicht. Wir können nichts über diesen Zustand der Selbstverwirklichung erfahren, solange wir in das Spiel der Citta-Vrttis verwickelt sind. Er kann nur von innen verwirklicht, doch nicht von außen verstanden werden.
Govindan
I.3. Dann ruht der Sehende in seinem wahren Wesen.
„Dann" bedeutet, daß das, was folgt, eine Konsequenz des im vorangegangenen Vers beschriebenen Reinigungsprozesses ist. Gemeint ist das Aufgeben der Gewohnheit, sich mit den Fluktuationen des Bewußtseins zu identifizieren. Daraus ergibt sich

11

ein permanenter Zustand der Selbstverwirklichung, d. h. es handelt sich nicht um eine vorübergehende Erfahrung, die wieder untergehen kann in den Wellen geistiger Ablenkung. Im normalen Körper-Bewußtsein identifiziert man sich gewohnheitsmäßig mit Gedankenformen und Emotionen. Durch die Anwendung von Meditationstechniken wie suddhi dhyana kriya oder mantras kann man eine tiefe Empfindung des Loslassens entwickeln. Der „Sehende" ist das Selbst. Am Ende des Yoga-Weges erfährt die Einzelseele (jiva), daß sie eins mit „Siva", dem Allerhöchsten, ist. Durch Ausdehnung nimmt die Einzelseele (jiva) ihr wahres Wesen bzw. ihre wahre Form (Siva) an und identifiziert sich nicht mehr mit der niederen physischen oder mentalen Ebene.

Sukadev

I.3. Dann ruht der Wahrnehmende (Sehende) in seinem wahren Wesen.

Sind die Gedanken, die vrttis, ruhig, dann ruht man in seinem wahren Wesen, in der eigentlichen Natur. Wir sind nicht der Geist, wir sind nicht die Gedanken, wir sind reines Bewußtsein, Bewußtsein jenseits der Gedanken, was als sat-cit-ananda, Sein-Wissen-Glückseligkeit, erfahrbar ist.

I.4. Vrtti-sarupyam itaratra.
Vrtti = Regungen (der Psyche), Fluktuationen des Bewusstseins; sarupyam = Identifizierung, Assimilierung; itaratra = anderswo, in anderen Zuständen.

Taimni
I.4. In anderen Zuständen herrscht Assimilierung/Identifikation (des Sehers) mit den Modifikationen (der Psyche).
Wenn die Citta-Vrttis nicht im Nirodha-Zustand sind und der Drasta nicht in seinem Svarupa weilt, hat er sich mit dem bestimmten Vrtti assimiliert, das gerade in dem Augenblick sein Bewußtseinsfeld besetzt.

Govindan

I.4. Andernfalls kommt es zur Identifizierung [des individualisierten Selbst] mit den Fluktuationen [des Bewußtseins].

Auf der Ebene des menschlichen Alltags-Bewußtseins identifiziert sich der Mensch mit all seinen mentalen und emotionalen Regungen, die meist aus dem Unterbewußtsein stammen. Wenn man jemanden fragt: „Wer bist du?" bekommt man in der Regel zur Antwort, daß er oder sie Herr X bzw. Frau X ist, welchen Beruf die Person ausübt, welchem Geschlecht, welcher Religion oder Familie sie angehört, möglicherweise auch noch, wer ihr Arbeitgeber ist, oder was sie am meisten auf dieser Welt liebt. Aber all diese Identifizierungen sind nur Gedanken, die auf Erinnerungen beruhen. Selten findet man jemand, der sich mit seinem wahren Selbst, dem atman, wie es die yogis nennen, identifiziert, dem Wesenskern, in dem es keine Unterscheidungen zwischen Ich und Du gibt.

Sukadev

I.4. In allen anderen Zuständen (als nirodha) identifiziert sich der Wahrnehmende mit seinen Gedanken.

Je mehr man sich mit den Gedanken identifiziert, um so stärker werden sie. Wenn man sich weniger auf die Gedanken einläßt, verschwinden sie auch leichter wieder. Wenn ein Gedanke kommt und man wenig mit ihm anfangen kann, dann ist er schnell wieder weg. Wenn aber ein Gedanke auftaucht, mit dem man sich sofort identifiziert, dann wird er sehr stark. Trotzdem sagt Patanjali, eine gewisse Identifikation sei immer da, sowie man anfängt zu denken. Ohne Identifikation gäbe es keine Gedanken und ohne Gedanken keine Identifikation.

Patanjali ordnet die Inhalte des Bewusstseins in 5 Kategorien: Wissen, Irrtum, Einbildung, Erinnerung und Schlaf (Sutra I.5 bis I.11).

I.12. Abhyasa = beharrliche Übung; vairagyabhyam =

13

Nichtanhaften bzw. Wunschlosigkeit oder Loslassen; tan-nirodhah = Beherrschung oder Aufhören der (Citta-Vrttis).

Taimni
I.12. Ihre Unterdrückung (wird herbeigeführt) durch beharrliche Übung und Nichtanhaften.
Nachdem der Autor die verschiedenen Formen erläutert hat, welche die Verstandesfunktionen annehmen können, nennt er in dieser Sutre die hauptsächlichen Mittel, um diese Funktionen zu unterdrücken, nämlich Übung und Nichtanhaften. Zwei scheinbar einfache Worte; doch welche ungeheure Willensanstrengung und welche Vielzahl von Übungen erfordern sie.

Govindan
I.12. Durch ständiges Üben und Loslassen (kommt es zum) Aufhören der Identifizierung (mit den Fluktuationen des Bewusstseins).
Hier beschreibt Patanjali die wichtigste Technik des Kriya Yoga zur Reinigung von Egoismus, der aus der Identifizierung mit den Fluktuationen des Bewußtseins entsteht.
„Durch ständiges Üben" (abhyasa) bedeutet Konzentration auf das, was der Mensch wirklich ist, das wahre Selbst. Bei den vorbereitenden Übungen sind hiermit die Objekte der Konzentration gemeint (da es leichter ist, sich auf ein Objekt zu konzentrieren als auf das formlose Absolute). Loslassen (vairagya) bezieht sich auf das Aufhören der Identifikation mit dem, was wir nicht sind - den flüchtigen Gedanken und Emotionen, die aus Sinneswahrnehmungen oder Erinnerungen herrühren. Wenn der Übende diese Eindrücke, die in das Unterbewußtsein verdrängt wurden, mit Hilfe solcher Techniken wie suddhi dhyana kriya oder durch die Wiederholung heiliger Keim-Silben (bija mantras) losläßt, bleibt das reine Bewußtsein zurück, d. h. es manifestiert sich das wahre Selbst. Ständiges Üben ist so zu verstehen, als ob man das Wasser aus einem sinkenden Boot ausschöpft. Wenn wir aufhören, uns auf das reine bewußte Selbst auszurichten, werden wir überwältigt von dem starken gewohnheitsmäßigen Drang des Egoismus, genauso wie man

14

von dem Hereinströmen des Wassers überflutet wird, wenn man aufhört, das Wasser auszuschöpfen. Ständiges Üben heißt, sich inmitten aller Veränderungen und vorübergehenden Schau an das Höchste Absolute zu erinnern.

Sukadev
I.12. Übung (abhyasa) und Nichtanhaften (vairagya) führen zur Ruhe des Geistes (nirodha).
Das ist dasselbe, was Krishna im 6. Kapitel der Bhagavad Gita sagt: „Arjuna, wahrlich ist es schwer, den Geist zu beherrschen, aber durch Übung und Nichtanhaften, durch abhyasa und vairagya, ist der Geist unter Kontrolle zu bringen."

I.13. Tatra sthitau yatno abhyasa.
Tatra = von jenen (beiden); sthitau = um fest gegründet oder standhaft zu sein; yatno = Anstrengung, Bemühung; abhyasa = wiederholte Übung.

Taimni
I.13. Abhyasa ist die Bemühung, in jenem Zustand (des citta-Vrtti-Nirodha) fest gegründet zu sein.
Was ist Abhyasa? Es ist jede Anstrengung zur Erreichung jenes transzendenten Zustandes, in dem alle Citta-Vrttis unterdrückt wurden und das Licht der Wirklichkeit ununterbrochen in vollstem Glanze erstrahlt. Es gibt zahlreiche und mannigfache Mittel, um dieses Ziel zu erreichen, und Abhyasa umfaßt sie alle. Das von Patanjali vorgelegte Yoga-System schließt jedoch nur acht Arten von Übungen ein; es wird deshalb Astanga-Yoga genannt, d.h. Yoga, der sich aus acht Bestandteilen zusammensetzt. Doch im Osten gibt es noch andere Yoga-Systeme, und jedes davon hat seine eigene, besondere Technik. Sie haben viele Übungen gemeinsam; doch andere sind bestimmten Systemen eigen. Patanjali hat praktisch alle in sein System aufgenommen, die wesentlich bzw. bedeutend sind.
Govindan
I.13. In diesem Zusammenhang ist das Bemühen, im Zustand

des Aufhörens der Identifikation (mit den Fluktuationen des Bewußtseins) zu bleiben, ein ständiges Üben.

Eine stabile Geisteshaltung wird erreicht durch die Praxis der verschiedenen kriyas wie Yoga-Körperhaltungen (asanas), Atemkontrolle (pranayama), Meditation (dhyana) oder mantras.

Die Meditationstechniken des Yoga sind besonders wichtig, damit der Geist nicht abgelenkt wird durch Gedanken und sich in der Identifikation mit den Sinneswahrnehmungen verliert. Indem man inmitten aller Veränderungen die Position eines Beobachters einnimmt, kann man zu einer ständigen Bewußtheit des wahren Selbst gelangen.

Es ist typisch, daß der Geist nicht ruhig ist, sondern ständig, oft chaotisch, umherschweift, von einer Sache zur anderen. Er ist vergleichbar einem herrenlosen Hund, der überall umherstreunt. Am Anfang wird er sich der Führung eines "Herrn" widersetzen, so wie sich ein undressierter Hund am ersten Tag in der Hundeschule den Anweisungen widersetzen bzw. sie ignorieren wird. Den Geist zu schulen, damit er ruhig wird, ist ganz ähnlich wie einen Hund in der Hundeschule dazu zu bringen zu gehorchen. Es wird nichts nützen, den Hund zu schlagen oder sich entmutigen zu lassen, wenn er nicht gleich gehorcht. Worauf es ankommt sind klare, ruhige und ständig wiederholte Befehle an den Geist - und viel Geduld. Allmählich wird der "Hunde-Geist" verstehen, daß er jetzt einen "Herrn" hat, und wird gehorchen. Zu oft ist sich der Schüler am Anfang nicht darüber klar, wieviel Geduld erforderlich ist und läßt sich zu leicht entmutigen. Sei sanft mit dem "Hunde-Geist", jedoch bestimmt und ausdauernd.

Patanjali sagt, daß die Übungen regelmäßig und nicht nur für ein paar Minuten täglich ausgeführt werden sollten. Bei den Retreats lernt man Techniken und eine Lebensweise, die uns helfen, diese Bewußtheit 24 Stunden lang am Tag, sogar während des Schlafs und bei der Erledigung der täglichen Arbeit, aufrechtzuerhalten. Übung ist sadhana (wörtlich, "das Mittel zur Vollendung") bzw. die Erinnerung an das Selbst.

Sukadev

I.13. Abhyasa (Übung) ist ständige Bemühung um diese Ruhe

des Geistes.

Alle Anstrengungen, die man macht, um die Gedanken zu beherrschen, sind abhyasa. Es gibt nicht nur eine oder zwei bestimmte Übungen und auch nicht nur die hier in den Yoga Sutras aufgeführten, sondern alles, was dazu dient, den Geist zu beherrschen, ist abhyasa. Das heißt die ständige Bemühung - wir haben keine Pause! Die Übung beginnt mit dem Aufwachen am Morgen und hört am Abend mit dem Einschlafen auf. Irgendwann übt man sogar im Schlaf weiter...

„Ständige Bemühung" heißt jetzt nicht, daß wir uns dauernd verkrampft anstrengen, sondern wir versuchen, die Vorstellung Gottes, die Grundhaltung von selbstlosem Dienst und einer positiven Lebenseinstellung, den ganzen Tag über aufrechtzuerhalten.

Abhyasa heißt nicht, den Geist den ganzen Tag beherrschen zu müssen. Es ist die Bemühung darum.

Wir können noch nicht vollkommen sein, aber wir können uns darum bemühen. Die ständige Bemühung, unseren Geist zum Göttlichen zu bringen, ist abhyasa.

I.16. Tat pararn purusa-khyateh gunavaitrsnyam.

Tat = das; param = höchste, letzte; purusa-khyateh = durch Gewahrung/Bewusstheit des Purusa oder Selbst; guna = Kräfte/Eigenschaften der Natur; vaitrsnyam = Freiheit von dem geringsten Wunsche nach... .

Taimni

I.16. Das höchste Vairagya ist jenes, in dem durch Gewahrung des Purusa auch der letzte Wunsch nach den Gunas aufhört.

Die vorausgegangene Sutre legte dar, daß Unterscheidungsvermögen und Verzicht sich gegenseitig stärken und eine fortschreitende Auflösung von Täuschungen und Anhaften bewirken, die die Wurzeln aller Bindungen sind. Dies führt zur Lösung des Bewußtseins aus den Fesseln, die es an die niederen Welten binden, und der gesamte Prozeß gipfelt - wie wir später sehen werden – in

17

Kaivalya (Befreiung), dem letzten Ziel des Yoga. In jenem Zustand spürt Purusa, nachdem er seine wahre Natur verwirklicht und das Joch der Materie abgeschüttelt hat, auch für die feinsten Arten von Glück auf den höchsten Daseinsebenen keinerlei Anziehung mehr. Es ist vollkommen selbstgenügsam und erhaben über solche Attraktionen, die auf dem Spiel der Gunas beruhen. Dieses Vairagya, das auf der Zerstörung von Avidya basiert sowie auf der Verwirklichung, daß alles im Purusa selbst enthalten bzw. Purusa der Ursprung von allem ist, ist die höchste Art von Vairagya und heißt Para-Vairagya. Es wird sich zeigen, daß dieses Para-Vairagya, das ein Merkmal des Purusa-Bewußtseins ist - wenn man das so ausdrücken kann - erst bei Erreichen von Kaivalya in Erscheinung treten kann.

Die Tatsache, daß völliges Vairagya sich erst beim Erlangen von Purusa Khyati (Bewusstsein des Selbst) entwickelt, bedeutet, daß, wenn auch auf den niederen Stufen keine aktive Bindung vorhanden sein mag, die Keime zur Bindung doch noch vorhanden sind. Das heißt, daß die Möglichkeit eines Anhaftens besteht, bevor Purusa-Khyati erreicht wird, doch nach Erlangen dieses Zustandes gibt es keine solche Möglichkeit mehr. Diese Tatsache findet treffenden Ausdruck in der Bhagavad-Gita, wo die wohlbekannte Sloka II-59 lautet: „Die Sinnesgegenstände, doch nicht der Geschmack an ihnen, haben keine Macht mehr über einen selbstbeherrschten Bewohner des Körpers; und selbst der Geschmack an ihnen verläßt ihn, wenn er das Höchste erblickt hat."

Govindan

I.16. Dieses Freiwerden von den Kräften [der Natur, das sich ergibt] durch die [Selbst-] Verwirklichung des Menschen, ist das Höchste.

Der Durchschnittsmensch, der noch nicht mit Yoga begonnen hat, ist voll von Wünschen, die aktiviert werden durch die drei grundlegenden Kräfte der Natur (gunas), die er kaum oder gar nicht kontrollieren kann. Dadurch kann er nur hin und wieder einen Schimmer von Glück erhaschen. Diese Kräfte sind: der natürliche Drang nach Aktivität (rajas), die Neigung zur Trägheit (tamas) und die Tendenz zum Gleichgewicht (sattva). Wir unterliegen vielen

Illusionen - so als ob wir in einen Zerrspiegel schauen. Durch das Üben von yogischem sadhana wächst die Ruhe in unserem Geist. Wir beginnen mit der Kontrolle unserer Wünsche und der Aufarbeitung unserer unterbewußten Prägungen. Es kommt zu einer gewissen Loslösung von den Objekten unserer Wünsche, die zuvor Ursache von Freude und Schmerz waren. Übrig bleiben zunächst noch unsere Erinnerungen, und daher phantasieren wir oft. Das Loslassen erfordert also vorerst eine gewisse Bemühung.

Wenn es uns jedoch immer wieder gelingt, unser Selbst zu verwirklichen, werden wir so von innerem Frieden und Freude erfüllt, daß wir automatisch zwischen unserem Selbst und dem, was nicht dieses Selbst ist, zu unterscheiden wissen. Und damit vergeht das Verlangen, unseren unterbewußt motivierten Wünschen, Erinnerungen und Phantasien nachzugeben. Sie verlieren ihre Kraft und verschwinden allmählich. Dies führt zu einer Wunschlosigkeit, die nicht auf Kontrolle beruht, sondern auf einer spontanen, immer wiederkehrenden Bewußtwerdung unseres wahren Selbst, das mit seiner Freude jederzeit alles durchdringt. Auf der höchsten Stufe erfordert das Loslassen dann keine Anstrengung mehr. Ein sicheres inneres Wissen, das auf dieser Stufe des Loslassens entsteht, erlaubt es dem yogin, die Begrenzungen aller Wunschziele zu erkennen. Die Klarsicht, die sich daraus ergibt, führt zu einem ständigen Loslassen und dauerhafter Selbst-Verwirklichung.

Svami Hariharananda Aranya hat in diesem Zusammenhang auf ein wichtiges Prinzip verwiesen: „Das innere Wissen des Menschen führt direkt oder indirekt zur Beseitigung des Leidens. Dieses Wissen, das zur endgültigen und vollständigen Auflösung aller Sorgen führt, ist die höchste Form des Wissens. Danach gibt es nichts Höheres mehr zu wissen". In der Katha Upanisad heißt es zu para-vairagya: „Die Weisen, die die ewige Glückseligkeit kennen, suchen nicht nach dem Unwandelbaren in vergänglichen Dingen."

Sukadev

I.16. Der höchste Zustand des Nichtanhaftens entsteht durch Erkenntnis des Selbst und ist frei von Gier nach den Eigenschaften der Natur.

Vairagya (Wunschlosigkeit) ist eines der vier Mittel zur Befreiung, eines der Charakteristika im subeca-Zustand (Sehnsucht, Suche nach Wahrheit), der ersten Stufe der sieben bhumikas. Zu subeca gehören:
• viveka, Unterscheidungskraft,
• vairagya, Nichtanhaften oder Wunsch- bzw. Leidenschaftslosigkeit,
• satsampat, die sechs edlen Tugenden, und
• mumuksutva, tiefes Verlangen nach Befreiung.
Hier greift Patanjali besonders vairagya heraus. In den vorherigen Versen hat er gesagt, daß die Kontrolle der vrttis durch abhyasa und vairagya herbeigeführt wird. Vairagya wird auf einer Ebene erreicht durch Willensanstrengung und zum zweiten auf einer tieferen Ebene als Zustand von Nichtanhaften, der aus dem Bewußtsein des purusa kommt. Purusa ist das eine Selbst Gottes. Wenn man in diesem Bewußtsein ist, entsagt man den drei Eigenschaften der Natur. Das funktioniert auch, wenn man noch nicht im höchsten Zustand ist. Wenn man sich tieferer Schichten seiner selbst bewußt ist, wenn das Göttliche spürbar wird oder durchschimmert, dann fallen verschiedene Wünsche von selbst weg.

Wenn man regelmäßig meditiert, fallen verschiedene andere Verhaftungen von selbst weg. Wenn man durch Übungen allmählich Zugang zu seinem wahren Wesen bekommt, fallen eine ganze Reihe von Verhaftungen an die drei gunas, die drei Eigenschaften, die allem Existierenden innewohnen, ab. Und beim vollen Bewußtsein purusas, bei der vollen Selbstverwirklichung, gibt es überhaupt keine Wünsche mehr. Man ist vollkommen wunschlos. Man handelt nicht mehr, um etwas zu erreichen, sondern ist nur noch ein Instrument in den Händen Gottes oder des Kosmischen.

In den folgenden Sutren geht Patanjali auf die Grade im Samadhi ein. In I.17 und I.18 geht er auf Samprajnata Samadhi (wird noch in 4 Stadien unterteilt) und Asamprajnata Samadhi ein. Ausführungen zu Sabija Samadhi und Nirbija Samadhi finden sich verstreut in mehreren Kapiteln.
Stark vereinfacht geht es um objektorientierte (samprajnata) und –

durch Loslassen des Objekts – nicht objektorientierte (asamprajnata) Versenkung.

Selbst wenn Bewussheit ohne Inhalte aufrechterhalten wird, bestehen noch Gewohnheitsmuster (sabija, Samen). Jemand hat sich 3 Jahre zurückgezogen und bleibt stabil in der Stille. Zurück in der Stadt wird er am Bahnhof angerempelt. Wut steigt auf. Erst wenn diese hartnäckigen Muster aufgelöst sind, erreicht man Befreiung (kaivalya). Was sind die Kennzeichen der Befreiung? Gleichmut in jeder Lage, Liebe zu allen Wesen, beständige Freude, Gewahrsein des Höchsten.

Die Mittel zu Erreichung des Ziels sind ethisches Verhalten und – unverzichtbar – Meditation, gepaart mit Streben, Geduld und Ausdauer.

Als Objekte der Meditation gibt Patanjali unter anderen Mitgefühl (im Buddhismus Metta-Meditation), Achtsamkeit auf den Atem oder das innere Licht oder ein anderes Objekt an.

Ein weiterer Übungsweg ist die Hingabe an Gott (=Bhakti Yoga)

I.23. Isvara-pranidhanad va.
isvara = Gott; pranidhanad = totale Hingabe; va = oder, auch.

Taimni
I.23. Oder durch Hingabe an Gott.
Samadhi kann auch erreicht werden, indem man einem anderen Pfad folgt, auf dem der Strebende nicht die vorsätzliche Unterdrückung der Citta-Vrittis durch seine Willenskraft herbeiführt. Auf diesem Weg ergibt er sich einfach dem Willen Isvaras und verschmilzt all seine Wünsche mit dem göttlichen Willen.

Govindan
I.23. Oder (man erreicht die kognitive Versenkung) durch Hingabe an Gott.
Hier sagt uns Patanjali, daß wir die kognitive Versenkung auch erreichen können, indem wir unser begrenztes Ego-Bewußtsein einfach Gott, dem Höchsten Wesen, hingeben. Das wiederholt er in

Vers II.45. Wer aber ist Gott? Patanjali benutzt den Begriff Isvara. Im Tirumantiram, Vers 105, wird *Siva* beschrieben:
„Jenseits von zwei karmas befindet sich Isa, der Keim dieser Welt, das mächtige Göttliche Werden."
Für die tamilischen siddhas ist Isa eine andere Bezeichnung für das Höchste Wesen, Siva, nicht zu verwechseln mit der begrenzten Gottheit gleichen Namens in den Veden oder der dritten Gottheit in der Hindu-Trinität, mit der sich die frühen westlichen Indologen beschäftigten. Für ihn gibt es keine Begrenzungen, keine Beschreibung. Sva heißt „eigener". Also bedeutet isvara „siva, das eigene Wesen", das Höchste Wesen, das in allem und jedem wohnt und alles transzendiert in dieser Welt. Selbst-Verwirklichung kann erreicht werden, wenn wir die Einstellung, daß wir getrennt von diesem Höchsten Wesen sind, aufgeben und Siva als unser eigenes Wesen erkennen. „Jiva wird Siva" faßt den Denkansatz der tamilischen yoga siddhas zusammen. Dieses Aufgeben (pranidhana) muß vollständig sein. Da darf es keinerlei Gefühl eines Sonderstatus geben. Das erfordert eine scharfe Unterscheidung im Hinblick auf unsere Motivationen. Eine solche Hingabe heißt „nicht mein, sondern Dein Wille geschehe". Mit dieser Sichtweise wird Transzendenz einfach. Solange du glaubst, daß du es bist, der etwas aus eigenem Antrieb tut, bist du festgefahren in der egoistischen Meinung „Ich kann. Ich will. Ich kann nicht" usw. Wenn wir jedoch dieses „Ich" völlig dem „Du" hingeben, können wir uns über die Natur erheben und frei werden im reinen Selbst. Diese Art der Hingabe heißt, daß wir im innersten Kern unseres Wesens das Vorhandensein und die Gegenwart Gottes spüren und daß wir immer das Gefühl haben, daß unsere Handlungen von ihm ausgehen.
Selbst-Verwirklichung ist eine göttliche Gnade, die demjenigen zuteil wird, der sich voller Hingabe Gott zuwendet. Der Begriff der Gnade (prasada) findet sich überall im Tirumantiram und in den Schriften der anderen siddhas. Wie erlangt man diese Gnade? Nach Aussagen von Babaji hängt das davon ab, wie weit wir unsere Hingabe an Gott tatsächlich leben, von unserem sadhana (Yoga-Praxis) und unserem Dienen im Sinne Gottes gegenüber anderen Menschen. Durch

Hingabe lernen wir, was reine Liebe ist: Liebende/r und Geliebte/r werden eins. Die Sichtweise des Egos wird aufgegeben. Diese Liebe führt uns von der Dualität zur Nicht-Dualität. Durch sadhana - dazu gehören alle Formen des Yoga, die dem Ziel dienen, uns an unser Selbst zu erinnern - wird unser Unterbewußtsein gereinigt und die Dualität aufgelöst. Wir erkennen überall die All-Gegenwart. Durch Dienen vergessen wir unser kleines vom Ego beherrschtes Selbst sowie unsere nichtigen Probleme, und in uns entsteht eine Vision der All-Liebe.

Sukadev

I.23. (Schneller Erfolg kommt) auch durch Hingabe an Gott.

Hier erscheint erstmals das Konzept von isvara, Gott. Patanjali erläutert nicht weiter, wer oder was Gott ist. Denn das Raja-Yoga-System beruht auf der samkhya Philosophie, einem der sechs klassischen Philosophiesysteme. Samkhya ist eigentlich ein atheistisches System, in dem zwar nicht gesagt wird, daß es keinen Gott gibt, sondern das Thema wird einfach nicht erwähnt.

Patanjali als Praktiker hat nun aber beobachtet, daß Menschen, die einen starken Glauben an Gott haben, Gott verehren und Gott hingegeben sind, die Selbstverwirklichung sehr schnell erreichen. Hingabe an Gott ist eine der schnellsten Möglichkeiten zur Selbstverwirklichung. Und er hat auch festgestellt, daß längst nicht alle Menschen, die Gott verehren, zur Befreiung kommen, sondern daß es einer bestimmten Einstellung dazu bedarf. Es gab immer schon auch in Indien Menschen, deren Glauben eher fanatisch oder nur rein äußerlich war. Fanatischer oder nicht-verinnerlichter Glaube führt eben nicht zur Befreiung.

I.27. Tasya vacakah pranavah.

Tasya = Sein (des isvara); vacakah = Bezeichner, Offenbarer; pranavah = „Om", ausgesprochen A-U-M als Summton.

Taimni

I.27. Sein Benenner ist „ Om".

Mantra-Yoga ist jener Zweig des Yoga, der durch die Wirkung des „Tones" Veränderungen in Materie und Bewußtsein herbeizuführen sucht, wobei das Wort Ton nicht in seiner modernen wissenschaftlichen Bedeutung, sondern in einem besonderen Sinne gebraucht wird, wie wir gleich sehen werden. Entsprechend der dem Mantra-Yoga zugrundeliegenden Doktrin findet die primäre Manifestation der letzten Wirklichkeit durch das Mittel einer eigentümlichen feinen Vibration statt, die Sabda heißt, was Ton oder Wort bedeutet. Die Welt wird nicht nur erschaffen, sondern auch erhalten durch dieses Sabda, das sich in unzählige Schwingungsformen aufteilt, die der Welt der Erscheinungen zugrundeliegen.

Diese Vibrationen bzw. Ausdrucksformen von Energie stellen nicht nur das Material für die geoffenbarte Welt (wobei das Wort Material im weitesten Sinne gemeint ist), sondern sie bringen durch ihre Tätigkeit und Wechselwirkungen auch alle Erscheinungen auf den verschiedenen Ebenen hervor. Diese gewiß überraschende Schlußfolgerung ist nichts im Vergleich zu der noch mysteriöseren Doktrin der okkulten Wissenschaft, wonach all diese unendlich komplexen Schwingungen der verschiedensten Arten Ausdruck einer Einzigen Schwingung sind und diese Einzige Schwingung hervorgebracht wird vom Willen jenes mächtigen Wesens, das der betreffenden manifestierten Welt vorsteht, sei diese Welt ein Sonnensystem, ein Universum oder ein Kosmos. Diese ungeheure primäre und integrierte Vibration, von der sich alle manifestierten Schwingungen ableiten, heißt Sabda-Brahman, d.h. die Letzte Wirklichkeit in ihrem Aspekt als „Ton", wobei der Ausdruck „Ton" im umfassendsten und etwas mysteriösen Sinne zu verstehen ist, wie bereits erwähnt. Mit einfachen Worten gesagt, bedeutet diese Doktrin ganz allgemein, daß die Letzte Wirklichkeit in Sich die Samskaras vorangegangener Manifestationen birgt, diese bei ihrer Offenbarung in zwei primäre und komplementäre Ausdrucksformen aufteilt, von denen die eine eine zusammengesetzte, integrierte Schwingung ist, das Sabda-Brahman, und die andere ein zugrundeliegendes integriertes Bewußtsein, das Brahma-Caitanya (d.h. die Wirklichkeit in ihrem Aspekt als Bewußtsein). Diese beiden Ausdrücke ergänzen und bedingen sich gegenseitig, da sie der duale Ausdruck der Einen Wirklichkeit sind und gleichzeitig erscheinen und verschwinden.

Aus diesem primären Zusammenhang zwischen Schwingung und Bewußtsein auf der höchsten Ebene der Manifestation strömt die Beziehung zwischen beiden auf alle Ebenen der Offenbarung bis herab zur physischen. So ist also überall, wo sich Bewußtsein kundtut, die mit ihm in Wechselbeziehung stehende Schwingung vorhanden, gleichgültig, ob wir sie zu erkennen vermögen oder nicht. Nicht nur sind Bewußtsein und Schwingung so innig und unauflösbar verbunden, sondern es besteht auch eine besondere Beziehung zwischen jeder Schwingungsart und dem bestimmten Bewußtseinsaspekt, der ihr Ausdruck zu geben vermag, so daß gewissermaßen zu jedem Schwingungstyp ein entsprechender Bewußtseinszustand gehört.

Deshalb ist nichts Unvernünftiges an der Annahme, daß Bewußtsein durch Vibration beeinflußt oder erreicht werden kann. Mit anderen Worten: bestimmte Bewußtseinszustände können durch Ingangsetzen bestimmter Schwingungsarten herbeigeführt werden. Nicht nur wird das Bewußtsein durch Schwingungen beeinflußt, sondern das durch Ingangsetzen bestimmter Schwingungen hervorgerufene Bewußtsein kann seinerseits auf die Materie einwirken und Veränderungen in dieser bewirken.

Die oben dargelegten allgemeinen Prinzipien bilden die Grundlage des Mantra-Sastra, der Wissenschaft vom Gebrauch der Mantras zur Herbeiführung gewisser Ergebnisse, sowie des Mantra-Yoga, der Wissenschaft der Einswerdung bzw. Bewußtseinsentfaltung mit Hilfe von Mantras. Die beiden zugrundeliegende Idee ist die, daß die Erzeugung einer bestimmten Schwingungsart durch Körper es möglich macht, Kraft einer bestimmten Art durch den Körper herabzuziehen oder in dem Körper einen bestimmten Bewußtseinszustand herbeizuführen. Solche Schwingungen können erzeugt werden mit Hilfe von Mantras, von denen jedes eine besondere Zusammenstellung von Tönen darstellt zum Erzielung ganz bestimmter Ergebnisse.

Govindan

I.27. Das Wort, das [isvara] offenbart, ist der mystische Laut OM [AUM].

Wir geben allen Dingen, allen Erscheinungsformen, und selbst dem Nicht-Manifestierten, das in diesen enthalten ist, Namen. OM besteht aus drei Teilen. „A" steht für die Schöpfung, für erwachendes Bewußtsein und den Höchsten Geist (brahma); „U" für Bewahren, Erhalten, für Träumen und Visnu; „M" steht für Auflösung, traumlosen Schlaf und Siva. „Mmm..." ist jenseits des physischen Lauts, am Ende. Es steht für turya, die Grundsubstanz von allem, die vierte Bewußtseinsebene, jenseits von Wachen, Träumen und traumlosem Schlaf. Die Bewußtheit des AUM führt zur Erfahrung von isvara, dem Höchsten Wesen, von siva als Absolutem, in dem alles enthalten ist.

Sukadev

I.27. Das Ihn offenbarende Wort ist Om.

Eine weitere Weise, zu Gott zu kommen, ist die Mantrawiederholung. Patanjali nennt hier besonders Om als grundlegendes Mantra.

Patanjali analysiert präzise die Hindernisse (kleshas) auf dem Weg. Das Haupthinderniss ist Unwissenheit (avidya). Gemeint ist nicht intellektuelles Wissen, sondern die Unkenntnis des Selbst (purusa). Konsequenterweise ist zur Überwindung dieser Art von Unwissenheit nicht eine Meinungsänderung, sondern ein Bewusstseinswandel nötig.

Marshall Govindan: Die Unkenntnis der eigenen wahren Identität - des ewigen Selbst, der Seele - kann nicht durch einen Wechsel der Lebensanschauung beseitigt werden. Sie löst sich nur schrittweise auf, während man sein Bewusstsein erweitert und wiederholt in den Samadhi-Zustand eintritt. Im Samadhi werden wir uns dessen bewusst, was in uns bewusst ist. „Das höchste Selbst erstrahlt in ungestörter Ruhe." (Yoga Sutra I,47)

II.2. Samadhi-bhavanarthah klesa-tanu-karanartha ca.

Samadhi = Überbewusstsein, kognitive Versenkung; bhavanrthah = um herbeizuführen, üben; klesa = Kummer, Leiden; tanukaranarthah = um zu verringern oder abzuschwächen; ca = und.

Taimni
II.2. (Kriya-Yoga) wird geübt zur Abschwächung der Klesas und Herbeiführung von Samadhi.
Die Kriya-Yoga-Übung läßt nicht nur die Klesas abklingen und legt damit den Grundstein zu einem Yoga-Leben, sondern führt den Strebenden auch zu Samdhi, der wesentlichen und abschließenden Yoga-Technik.

Govindan
II.2. [Sie dienen] dem Zweck, die Belastungen zu verringern [und] sich in der kognitiven Versenkung zu üben.
Bevor wir das Yoga-Ziel, die kognitive Versenkung (samadhi), erreichen können, müssen wir die Fluktuationen des Bewußtseins (cittavrtti) beseitigen. Dies ist in der Regel ein langer Prozeß, aber selbst eine kleine Übungspraxis beseitigt schon die Ursachen von großem Leid. Kriya Yoga beseitigt den Egoismus, die Gewohnheit, sich mit dem Komplex von Körper und Psyche zu identifizieren. Während die Fluktuationen des Bewußtseins allmählich schwächer werden, beginnt die Selbst-Verwirklichung.

Sukadev
II.2. Er vermindert die klesas (Leiden) und führt zu samadhi.
Kriya Yoga schafft bhavana artha, das rechte, innige Gefühl, das samadhi herbeiführt. Indem wir kriya yoga praktizieren, entsteht die emotionelle Grundhaltung, bhava, welche uns in die Lage versetzt, samadhi zu erreichen. Kriya Yoga vermindert die klesas. Die klesas sind die Ursachen des Leides.

II.3. Avidyasmita-raga-dvesabhinivesah klesa

Avidya = Unwissenheit; asmita = Ich-Gefühl, Egoismus; raga =

Anziehung, Anhaften; dvesa = Abneigung; abhinivesah = (und) Anhaften (am Leben), Todesfurcht; klesa = Elend, Ursachen der Leiden.

Taimni

II.3. Mangelndes Wahrnehmungsvermögen der Wirklichkeit, das Gefühl des Egoismus oder „Ichseins", Zu- und Abneigungen gegenüber Dingen und der starke Wunsch nach Leben sind die großen Plagen bzw. Ursachen aller Leiden im Leben.

Die Philosophie der Klesas ist tatsächlich die Grundlage des von Patanjali vorgelegten Yoga-Systems. Diese Philosophie muß gründlich verstanden werden, denn sie gibt eine zufriedenstellende Antwort auf die ursprüngliche und naheliegende Frage: ‚Warum sollen wir Yoga üben?'

Das große Problem des Menschenlebens ist zu drängend, zu ernst, zu tief und ehrfurchtgebietend, um Raum für rein intellektuelle Theorien - wie bestechend solche auch sein mögen - zu lassen. Wenn unser Haus in Flammen steht, suchen wir eine Fluchtmöglichkeit und sind gewiß nicht in der Stimmung, uns hinzusetzen und eine glänzende Abhandlung über Architektur zu lesen. Wer sich mit der bloßen spekulativen Philosophie zufriedengibt, hat das drängende Problem des Menschenlebens und dessen tieferen Sinn nicht wirklich begriffen. Erkennt er dieses Problem als das, was es wirklich ist, dann werden ihn nur solche Philosophien interessieren, die wirksame Mittel zu seiner Lösung zu bieten haben.

Der Mensch muß über die Tatsachen des Lebens nachdenken, um die täuschende Natur seines Lebens zu erkennen.

Klesa bedeutet Leid sowie Ursache von Leid. Die Philosophie der Klesas ist demnach eine Analyse der dem Leid zugrundeliegenden Ursache sowie der Art und Weise, wie diese Ursache wirksam beseitigt werden kann.

Die experimentelle Natur der Yoga-Philosophie basiert auf Erfahrungswissen und ist nicht das Resultat von Spekulationen oder logischem Denken.

Govindan

II.3. Unwissenheit, Egoismus, Anhänglichkeit, Abneigung und Festhalten am Leben sind die fünf Belastungen.

Hier führt Patanjali die fünf Belastungen auf, die die Verwirklichung des Selbst verhindern. In den folgenden Versen erklärt er sie einzeln. Die Reihenfolge, in der er sie nennt, ist von Bedeutung. Die Unkenntnis unseres wahren Selbst läßt das Ego hervortreten; das Ego, die Gewohnheit, uns mit unseren Gedanken und Empfindungen zu identifizieren, führt zu starker Anhänglichkeit oder Ablehnung (etwas mögen oder ablehnen) und diese wiederum zu Angst (vor dem Tod).

Sukadev

II.3. Unwissenheit, Identifikation, Anziehung und Abneigung sowie Furcht vor dem Tod sind die klesas (Schmerz verursachenden Leiden).

Die fünf kleas heißen:

avidya - Nichtwissen, Unwissenheit,

asmita - Egoismus, Ichhaftigkeit, Identifikation,

raga - Mögen, Wunsch, Gier,

dvesa - Nichtmögen, Abneigung,

abhinivesa - „Anhaften", im engeren Sinn Furcht vor dem Tod, im weiteren übertragenen Sinn Angst in jeglicher Form.

II.4. Avidya ksetram uttaresam prasupta-tanu-vicchinnodaranam.

Avidya = Nichtwissen oder fehlende Wahrnehmung der Wirklichkeit; ksetram = Feld, Quelle; uttaresam = der Folgenden; prasupta = schlafend; tanu abgeschwächt; vicchinna = mit Unterbrechungen, abwechselnd; udaranam = ausgedehnt, in voller Tätigkeit.

Taimni

II.4. Avidya ist die Quelle jener, die nach ihm aufgeführt wurden, ob sie sich nun in schlafendem, abgeschwächtem, alternierendem oder ausgedehntem Zustand befinden.

Diese Sutre erwähnt zwei wichtige Tatsachen über die Natur der Klesas. Die erste betrifft ihre gegenseitigen Beziehungen. Avidya ist die Wurzel-Ursache der anderen vier Klesas, die ihrerseits alle Leiden des Menschenlebens herbeiführen. Eine nähere Betrachtung der anderen vier Klesas wird zeigen, daß sie nur auf dem Boden von Avidya gedeihen können, aber auch, daß die fünf Klesas eine zusammenhängende Reihe von Ursachen und Wirkungen bilden. Die zwischen diesen fünf Klesas bestehenden Beziehungen lassen sich mit dem Verhältnis zwischen Wurzel, Stamm, Zweigen, Blättern und Früchten eines Baumes vergleichen.

Der andere in dieser Sutre geäußerte Gedanke betrifft die Klassifizierung der Zustände oder Bedingungen, unter denen diese Klesas existieren können. Diese vier Zustände werden definiert als 1. schlafend, 2. abgeschwächt, 3. abwechselnd, 4. erweitert.

Der schlafende Zustand ist jener, in dem das Klesa gegenwärtig ist, aber in latenter Form. Es kann mangels geeigneter Bedingungen dafür nicht zum Ausdruck gelangen, und seine kinetische Energie ist potentiell. Abgeschwächt ist das Klesa in sehr verdünntem, schwachem Maße vorhanden. Es ist nicht tätig, kann aber durch einen Antrieb in gemäßigtem Grade aktiv werden. In voll ausgedehntem Zustand ist das Klesa voll wirksam, und seine Aktivität ist nur zu augenfällig, wie die Wogen eines stürmisch bewegten Meeres. Beim alternierenden Zustand überwältigen sich zwei entgegengesetzte Tendenzen gegenseitig abwechselnd.

Nur bei den fortgeschrittenen Yogis befinden sich die Klesas in schlafendem Zustand. Beim gewöhnlichen Menschen bekunden sie sich je nach den äußeren Umständen in einer der drei anderen Formen.

Govindan

II.4. Unwissenheit ist der Nährboden, [auf dem die anderen] Belastungen [gedeihen]. Sie können unterschwellig, abgeschwächt, mit Unterbrechungen oder stark ausgeprägt sein.

Hauptursache des Leidens ist das Nichtwissen (avidya). Aus ihm entstehen die anderen Belastungen. Damit ist nicht Unwissenheit im allgemeinen gemeint, sondern vielmehr ganz speziell die fehlende

30

Bewußtheit des Selbst. Hier liegt die Ursache der Verstrickung zwischen dem Subjekt - „Ich bin" - und den Objekten der Wahrnehmung. Dieses Nichtwissen überdeckt unsere innere Bewußtheit und schafft eine falsche Identität, nämlich: Ich bin der Körper, das Denken, die Sinne, die Gefühle usw.

Beim Durchschnittsmenschen sind Unwissenheit (avidya), Egoismus (asmita), Anhänglichkeit (raga), Abneigung (dvesa) und das ängstliche Festhalten an diesem Leben (abhinivesah) anhaltend und stark ausgeprägt. Wir folgen ständig dem Antrieb unserer im Unterbewußtsein gespeicherten Wünsche. Wenn unser Wohlergehen oder unser Überleben bedroht sind, reagieren wir auf eine typisch ängstliche Weise ohne jede Reflexion. Wenn wir jedoch beginnen, Yoga zu üben, hinterfragen wir unsere Motivationen, widersetzen uns ihnen und ersetzen sie durch Gefühle der Liebe, Selbstdisziplin, der Großzügigkeit (dana) usw. Dazu muß man jedoch ständig auf der Hut sein und sich bemühen; andernfalls leben die alten Gewohnheiten wieder auf.

Bei einem fortgeschrittenen Yoga-Schüler werden diese Belastungen (klesa) sehr schwach (prasuptah). Sie sind nur noch unterschwellig vorhanden, weil der oder die Betreffende nicht mehr auf sie reagiert. Durch die ständige Disziplin (sadhana) hat der Schüler ein Stadium des Gleichmuts erreicht, das durch solche unterschwelligen Antriebe nicht mehr gestört werden kann.

Sukadev

II.4. Avidya (Unwissenheit) ist die Ursache (Quelle) von allen darauf folgenden (klesas), ob sie nun schlafend, schwach, überwunden oder voll wirksam sind.

II.5. Anityauci-duhkhanatmasu nitya-suci-sukhatmakhyatir avidya
Anitya = vergänglich; asuci = unrein; duhkha = Elend, Leid; anatmasu = nicht-Atman, nicht-Selbst, Ego; nitya = ewig, unvergänglich; suci = rein; sukha = Glück, Freude; Atma = Selbst; khyati = Wissen, Bewußtsein, Erkennen; avidya =

31

Unwissen.

Taimni

II.5. Avidya hält das Vergängliche für das Ewige, das Unreine für das Reine, das Leidvolle für Glück und das Nicht-Selbst für das Selbst.

Diese Sutre definiert Avidya als die Wurzel der Klesas. Offensichtlich wird das Wort Avidya nicht in seinem gewöhnlichen Sinne von Unwissenheit bzw. Mangel an Wissen benutzt, sondern in seiner höchsten philosophischen Bedeutung. Um diese Bedeutung des Wortes zu erfassen, müssen wir auf den ursprünglichen Vorgang zurückkommen, wonach gemäß der Yoga-Philosophie Bewußtsein, die der Manifestation zugrundeliegende Wirklichkeit, in Materie verstrickt wird. Bewußtsein und Materie sind getrennt und ihrem Wesen nach durchaus verschieden; doch aus Gründen, die in den folgenden Sutren angegeben werden, müssen sie zusammengebracht werden. Wie kann Atma, das frei und unabhängig ist, dazu gebracht werden, die Beschränkungen auf sich zu nehmen, die bei einer Verbindung mit der Materie unumgänglich sind? Indem man es der Erkenntnis oder Wahrnehmung seiner ewigen und unabhängigen Natur beraubt. Dieser Entzug der Erkenntnis seiner wahren Natur, der es in den Entwicklungszyklus verwickelt, wird durch eine der letzten Wirklichkeit innewohnende transzendente Kraft herbeigeführt, die Maya oder die Große Täuschung heißt.

Diese einfache Feststellung einer transzendenten Wahrheit kann natürlich zu unzähligen philosophischen Fragen Anlaß geben, wie z. B.: „Warum sollte es nötig sein, daß das unabhängige Atma in die Materie verstrickt wird?" „Wie ist es möglich, daß Atma, das doch ewig ist, in die Schranken von Zeit und Raum verwickelt wird?" Auf solche endgültige Fragen gibt es keine wirkliche Antwort, obgleich von Zeit zu Zeit einige Philosophen eine Menge offenbar absurder Antworten anboten. Gemäß jenen, die der Wirklichkeit bereits gegenüberstanden und ihr Geheimnis kennen, besteht die einzige Methode zur Entwirrung dieses Rätsels darin, die Wahrheit zu erkennen, die der Manifestation zugrundeliegt und die ihrem innersten Wesen nach nicht mitteilbar ist.

Als Resultat der Täuschung, in die das Bewußtsein verstrickt wird, beginnt es, sich mit der Materie zu identifizieren, mit der es zusammengebracht wurde. Diese Identifizierung wird immer stärker, je tiefer das Bewußtsein in die Materie einsinkt, bis es den Wendepunkt erreicht und in die entgegengesetzte Richtung emporzuklimmen beginnt. Der entgegengesetzte Vorgang der Evolution, in dem sich das Bewußtsein allmählich gewissermaßen aus der Materie herauszieht, führt zu progressiver Verwirklichung seiner wahren Natur und gipfelt in der vollkommenen Selbstverwirklichung im Kaivalya. Dieser fundamentale Entzug der Erkenntnis seiner wirklichen Natur, womit der Entwicklungszyklus beginnt und der durch die Macht der Maya herbeigeführt wurde und mit dem Erlangen der Freiheit in Kaivalya sein Ende erreicht, wird Avidya genannt. Avidya hat nichts mit dem durch den Intellekt erworbenen Wissen zu tun, das sich auf die Dinge der phänomenalen Welt bezieht. Dieses Nichterkennen unserer wahren Natur führt zu der Unfähigkeit, zwischen dem ewigen, reinen, seligen Selbst und dem nicht-ewigen, unreinen und leidvollen Nicht-Selbst zu unterscheiden.

Das Wort „ewig" bedeutet hier, wie üblich, den Bewußtseinszustand, der jenseits der Schranken der Zeit liegt, wie wir diese als Aufeinanderfolge von Erscheinungen kennen. „Rein" bezieht sich auf die Lauterkeit des Bewußtseins, wie es von der Materie unberührt und unverändert existiert, bis ihm diese die Beschränkungen durch die drei Gunas und die daraus folgenden Täuschungen auferlegt. „Selig" bezieht sich natürlich auf Ananda oder die ihm innewohnende Seligkeit des Atma, die unabhängig ist von allen äußeren Ursachen oder Bedingungen. Der Raub dieses Sukha = Seligkeit, der unvermeidlich eintritt, wenn sich das Bewußtsein mit der Materie identifiziert, bedeutet Duhkha = Elend. Diese drei Attribute, die zur Unterscheidung zwischen dem Selbst und dem Nicht-Selbst aufgeführt wurden, dienen lediglich der Veranschaulichung und sind keineswegs erschöpfend. Denn es ist nicht möglich, das Wesen des Selbst zu definieren.

33

Govindan

II.5. Unwissenheit heißt, das Vergängliche als unvergänglich, das Unreine als rein, das Leidvolle als freudvoll und das Nicht-Selbst als das Selbst zu sehen.

Dies ist der fundamentale Irrtum, zu dem die Menschen neigen. Er rührt daher, daß wir uns mit dem identifizieren, was wir nicht sind. Wir sagen: „Ich bin müde" oder „Ich bin krank, verärgert oder besorgt". Wir kommen der Wahrheit jedoch näher, wenn wir sagen: „Mein Körper ist müde" oder „Ich habe zornige Gedanken". Unser heutiges kulturelles Umfeld, die Medien, der Aufbau unserer Sprache und unser Bildungssystem - sie alle unterstützen diesen fundamentalen Irrtum, der unsere wahre Identität, unser Selbst, verbirgt. Das Selbst ist der ewige Beobachter, der Sehende, ein unveränderliches, reines ganzheitliches Wesen, unbegrenzt, alles durchdringend, in allem vorhanden. Alles andere verändert sich und wird daher eines Tages verloren sein. Indem wir an dem Vergänglichen, an dem, was sich verändert, festhalten, ignorieren wir das Wahre, und wir leiden. Jeder Wunsch ist schmerzhaft, denn er führt zu einem unstillbaren Verlangen etwas zu haben, was wir im Moment nicht besitzen oder etwas zu sein, was wir nicht sind. Selbst wenn Wünsche erfüllt werden, wird es immer weitere Wünsche geben - ganz abgesehen von dem Wunsch, das, was wir haben, nicht zu verlieren. Und so werden wir immer weiter leiden.

Sukadev

II.5. Durch avidya (Unwissenheit) hält man das Vergängliche, Unreine, Leidvolle, das Nicht-Selbst fälschlicherweise für das Ewige, Reine, Freudvolle, das Selbst.

Der Körper ist nicht das Selbst. Aber wir denken: Ich bin der Körper. Und die wenigsten rechnen damit, daß sie sterben werden. Sie halten den Körper für rein, für gut, für ewig.

Und wie mit unserem Körper identifizieren wir uns auch mit unserer Persönlichkeit.

Man hält das Schmerzvolle für das Gute, Freudvolle. Alles Sinnliche ist letztlich nicht wirklich freudvoll, aber man denkt, dies oder jenes zu erreichen, müßte freudvoll sein.

Das sind Beispiele für avidya, Unwissenheit, fälschliche Ansicht.

Grob umrissen geht es in der Philosophie des Yoga darum, dass sich unbegrenztes Bewusstsein in die Individualisierung begibt. Dabei nutzt es Körper, die das Bewusstsein wie Hüllen umgeben und den Eindruck von Getrenntheit vermitteln. Durch Identifikation mit Körper, Gedanken und Gefühlen vergisst das Bewusstsein seinen unbegrenzten göttlichen Ursprung. Diese Unwissenheit gebiert Leid.
Die Praxis des Yoga ist nichts anderes, als diese Schleier durch Reinigung zu entfernen und mit dem grenzenlosen Bewusstsein wieder vereint zu werden.
Zu Beginn des 3. Kapitels erklärt Patanjali die drei wichtigen inneren Glieder des achtfachen Weges: Dharana (Konzentration), Dhyana (Meditation, Kontemplation), Samadhi (Überbewusstsein, kognitive Versenkung).

III. 1. Desa-bandhas cittasya dharana.
Desa = Ort, Stelle; bandhah = bindend, begrenzend, fixierend; cittasya = des Verstandes, Bewusstseins; dharana = Konzentration.

Taimni
III. 1. Konzentration ist die Eingrenzung des Verstandes in ein festgesetztes mentales Feld (Gegenstand der Konzentration).
Wie bereits erwähnt wurde, schalten die ersten fünf Angas des Yoga schrittweise die äußeren Ursachen mentaler Zerstreuung aus. Yama und Niyama beseitigen die Störungen, die durch unkontrollierte Gefühle und Wünsche verursacht werden. Asana und Prnayama eliminieren die durch den physischen Körper entstehenden Störungen. Pratyahara schließt durch Abtrennung der Sinnesorgane vom Verstand die Außenwelt sowie die von ihr im Verstand bewirkten Eindrücke aus. Somit ist der Verstand von der Außenwelt völlig isoliert, so daß der Sadhaka (*Schüler*) nun in der Lage ist, sich

35

ohne irgendeine Störung von außen mit ihm auseinanderzusetzen. Nur unter diesen Umständen ist die erfolgreiche Übung von Dharana, Dhyana und Samadhi möglich.

Obwohl die verschiedenen Angas voneinander unabhängig zu sein scheinen und es möglich wäre, Asana, Dhyna usw. bis zu einem gewissen Grade unabhängig von anderen Angas zu üben, dürfen wir dennoch nicht außer acht lassen, daß sie in folgerichtiger Beziehung zueinander stehen und die wirksame Übung eines Angas wenigstens eine teilweise Beherrschung der vorangegangenen erfordert.

Ehe wir uns mit Dharana befassen, muß klargestellt werden, daß es gewöhnlich mit Konzentration übersetzt wird, daß aber ein großer Unterschied zwischen dem besteht, was der normale Mensch unter Verstandeskonzentration versteht und was es in der Yoga-Philosophie bedeutet. Ohne auf Einzelheiten einzugehen, sei erwähnt, daß der grundsätzliche Unterschied darin besteht, daß nach der modernen Psychologie der Verstand nicht für eine nennenswerte Zeit auf irgendeinem Objekt festgehalten werden kann; er muß in Bewegung bleiben, selbst wenn der höchste Grad der Konzentration erreicht wurde. Von diesem Standpunkt aus ist Konzentration die kontrollierte Bewegung des Verstandes innerhalb einer begrenzten Sphäre, und indem man ihn auf diese Weise eingrenzt, können all die beachtlichen Ergebnisse konzentrierter mentaler Anstrengungen erzielt werden. Nach der östlichen Psychologie hingegen, auf der die Wissenschaft des Yoga beruht, beginnt die Konzentration zwar mit der kontrollierten Verstandesbewegung, doch vermag sie einen Zustand zu erreichen, in dem jede Bewegung oder Veränderung aufhört. In diesem letzten Zustand wird der Verstand eins mit dem Wesen des Konzentrationsgegenstandes und kann sich daher nicht weiter bewegen.

Die östliche Psychologie erkennt die Benutzung der gewöhnlichen Konzentrationsweise an, doch stellt sie in dieser zwei Einschränkungen fest. Eine davon ist, daß der Verstand niemals das innere Wesen des Konzentrationsgegenstandes voll erkennen kann. Wie tief er auch eindringen mag, berührt er doch nur den Rand bzw. die oberflächlichen Aspekte von dessen Natur und erreicht nie den innersten Kern. Die zweite Einschränkung ist die, daß bei dieser Art von Konzentration das Bewußtsein stets im Intellekt gefangen bleibt. Er kann nicht aus den Beschränkungen durch den Intellekt befreit werden, um imstande zu sein, durch die feineren Körper auf den tieferen Ebenen zu wirken. Denn um von einer Ebene zur nächsten springen zu können, muß der Verstand in einen unbeweglichen Zustand versetzt werden, obschon er von dem das Bewußtseinsfeld besetzenden Gegenstand „durchstrahlt" wird.

In Dharana ist der Verstand auf eine vom Konzentrationsgegenstand bestimmte Sphäre beschränkt. Der Ausdruck Desa-bandha bedeutet Eingrenzung in ein Gebiet, das eine beschränkte Bewegungsfreiheit zuläßt. Der Verstand ist sozusagen innerhalb des begrenzten Mentalfeldes interniert und muß sofort dahin zurückgebracht werden, wenn er wegläuft. Die Hauptaufgabe bei Dharana besteht also darin, den Verstand unentwegt in der Betrachtung des Objektes festzuhalten und ihn sofort zurückzubringen, sobald die Verbindung unterbrochen wurde.

Govindan

III. 1. Konzentration heißt, das Bewußtsein an eine Stelle, ein Objekt oder einen Gedanken zu binden.

Konzentration (dharana) ist das fünfte Glied im achtgliedrigen System des astanga Yoga. Dazu gehören alle Techniken, bei denen es darum geht, den Geist an ein einziges Sinnesobjekt oder einen Punkt zu binden. Das kann auch über die feinstofflichen Sinne des Sehens, Hörens, Riechens, Tastens und Schmeckens geschehen, nicht aber über die körperlichen Sinne wie beim Starren in eine Kerzenflamme (eine Form von trataka) oder Musikhören. Das Ergebnis ist, daß der Geist ruhig wird.

Sukadev

III. 1. Dharana ist das Fixieren des Geistes auf eine Stelle.

Dharana, Konzentration, bedeutet, den Geist auf ein einziges Objekt zu richten.

III. 2. Tatra pratyayaikatanata dhyanam.

37

Tatra = dort, an jenem (Ort); pratyaya = Bewußtseinsinhalt, Vorstellung, Gedanke; ekatanata = sich ohne Unterbrechung als eins erstreckend oder strömend, den Geist auf nur ein Objekt ausrichten; dhyanam = Meditation, Kontemplation.

Taimni
III. 2. Ununterbrochenes Strömen (des Denkens) zum Objekt (der Meditation) ist Kontemplation.
Im vorangegangenen Spruch wurde erwähnt, daß der Sadhaka danach streben muß, eindringende Gedanken - die man Zerstreuungen nennt - abzuwehren und die Häufigkeit derartiger Unterbrechungen schrittweise abzubauen. Wenn es ihm gelingt, diese Zerstreuungen völlig auszuschalten und die Konzentration auf das Objekt ununterbrochen so lange fortzusetzen, wie er beschlossen hat, erreicht er die Stufe des Dhyana. Daraus ersieht man, daß das gelegentliche Auftauchen von Zerstreuungen im Verstand den wesentlichen Unterschied zwischen Dharana und Dhyana ausmacht.
Das Wort Pratyaya findet in den Yoga-Sutren häufig Anwendung. Es umfaßt eine große Auswahl an Begriffen wie z. B. Vorstellung, Idee, Ursache usw. In der Yoga-Terminologie wird es jedoch vorwiegend gebraucht für den Gesamtinhalt des Verstandes, der zu einer bestimmten Zeit das Bewußtseinsfeld besetzt. Da der Verstand in der Lage ist, gleichzeitig eine große Vielzahl von Objekten zu umfassen, muß ein Ausdruck benutzt werden, der all diese Gegenstände in ihrer Gesamtheit ungeachtet ihrer Eigenart bezeichnet. Pratyaya ist ein technischer Ausdruck für diesen Gesamtinhalt des Verstandes. Unter Berücksichtigung dessen, was vorher über Dharana gesagt wurde, ergibt sich, daß dieses Pratyaya, mit dem der Verstand in Dhyana in ständigem Kontakt bleibt, fest und dennoch veränderlich ist. Es ist fest in dem Sinne, daß das Areal, innerhalb dessen sich der Verstand bewegt, begrenzt ist und gleich bleibt. Es ist veränderlich, weil innerhalb dieser begrenzten Sphäre Bewegung stattfindet. Wenn ein Wissenschaftler den Brennpunkt seines Mikroskops auf einen schmutzigen Wassertropfen einstellt, ist das Blickfeld auf einen Kreis begrenzt, außerhalb dessen er nichts sehen kann. Aber innerhalb

dieser beleuchteten Fläche finden ständig Bewegungen aller Art statt. Das Sanskritwort Tatra heißt „an jenem Ort" und bezieht sich offensichtlich auf das Desa oder den Ort bzw. das mentale Feld, auf das der Verstand beschränkt ist. Der Verstand hat innerhalb der im Dharana festgelegten Grenzen mit dem Pratyaya vereint zu bleiben. Ekatanata, das bedeutet „sich ständig oder ununterbrochen ausbreitend", bezieht sich auf das Nichtvorhandensein von Unterbrechungen durch im Dharana vorkommende Ablenkungen. Tatsächlich ist, wie bereits ausgeführt, Kontinuität des Pratyaya vom technischen Standpunkt aus der einzige Unterschied zwischen Dharana und Dhyana. Diese Kontinuität läßt sich mit jener des in einem Fluß dahinströmenden Wassers vergleichen. Warum ist es so wichtig, diese Kontinuität zu erreichen, bevor Samadhi praktiziert werden kann? Weil jede Unterbrechung dieser Kontinuität gleichbedeutend mit Zerstreuung ist und diese einen Mangel an ausreichender Konzentration und Herrschaft über den Verstand bedeutet. Wird der Verstand von dem gewählten Objekt abgelenkt, heißt dies, daß ein anderer Gegenstand dessen Platz eingenommen hat, denn der Verstand bewegt sich ohne Unterbrechung. Erst in Nirodha kann diese kontinuierliche Bewegung unterbrochen werden, ohne daß irgendein Objekt im Verstand gehalten wird. Wenn nun eine Ablenkung diese Kontinuität unterbricht, scheint dies nicht allzu schlimm zu sein, denn der Verstand kann den Faden unverzüglich wieder aufnehmen und sich an die Aufgabe machen, tief in den Gegenstand einzutauchen. Doch das Auftreten einer solchen Ablenkung ist durchaus nicht so harmlos, wie es scheint. Es zeigt, daß der Verstand noch nicht im Griff gehalten wird und infolgedessen die Konzentration nicht intensiv genug ist. Bei der Übung von Dharana findet man, daß mit zunehmender Tiefe des Zurückziehens und der Herrschaft über den Verstand die Ablenkungen seltener auftreten. Kontinuität kann also als Maßstab für die erforderliche Verstandeskontrolle und Intensität der Konzentration angesehen werden. Das Erreichen von Dhyana Avastha zeigt, daß der Verstand bereit ist für die letzte Stufe, die wirkliche Yoga-Praktik. Solange diese Bedingung nicht erfüllt ist,

kann mit der Übung von Samadhi nicht begonnen werden, und die wahren Geheimnisse des Yoga bleiben dem Sadhaka verschlossen.
Govindan

III. 2. Meditation ist in diesem Zusammenhang die Erfahrung, den Geist auf nur ein Objekt auszurichten.

Konzentration (dharana) erfordert Anstrengung, denn der Geist wandert ständig umher, d. h. man muß sich mit Geduld und Entschlossenheit von den Ablenkungen lösen und immer wieder zu dem gewählten Objekt zurückkehren. Es ist leicht aufzugeben und zu sagen: "Ich bin für Meditation nicht geeignet". Doch wenn du mit den Neigungen des Geistes so geduldig bist, wie du es unter Umständen mit einem kleinen Hund wärst, den du versuchst abzurichten, kannst du Erfolg haben. Wenn die Konzentration (dharana) mühelos erreicht wird, beginnt die Meditation (dhyana). Das heißt Meditation ergibt sich aus der Beherrschung der Konzentration. Das Objekt der Meditation kann Dynamik gewinnen, es kann Gedanken oder Aussagen einschließen, die mit ihm im Zusammenhang stehen. Es kann eine konkrete Form haben oder formlos sein. Wir können Meditation definieren als "ständiges Bewußtsein eines gewählten Objektes oder Themas." Alle Meditations-Schulen können diese Definition akzeptieren, denn in allen Schulen geht es bei der Meditation um den Versuch, einen Strom unaufhörlicher Achtsamkeit auf ein gewähltes Objekt oder Thema zurichten. Worin sich die einzelnen Schulen unterscheiden, ist das gewählte Objekt oder Thema: Einige wählen den Atem oder die Nasenspitze, andere etwas Natürliches wie eine Rose, andere eine geometrische Form wie ein yantra oder mandala als Fokus, um die Gottheit anzurufen; wieder andere wählen einen abstrakten Begriff wie "Liebe" oder meditieren mit offenen Augen über ein Objekt wie Pfeil und Bogen.

In der Meditation (dhyana) gibt es das Objekt, das Subjekt (der Meditierende) und ihre Beziehung zueinander. Das bedeutet, der Meditierende bleibt sich des Objektes und der auf dieses bezogenen Gedanken bewußt.

Meditation (dhyana) ist die wissenschaftliche Kunst, den Geist zu beherrschen. Sie ist eine Wissenschaft, denn sie enthält alle Elemente eines methodischen wissenschaftlichen Vorgehens. Sie beginnt mit einer Hypothese, die getestet wird, nämlich der Technik. Dann folgt das eigentliche Experiment; man wendet die Technik an. Dann registriert man seine Erfahrungen - ebenso wie die Wissenschaftler es tun. Dann vergleicht man seine Erfahrungen mit denen anderer Anwender oder des Lehrers, ebenso wie die Wissenschaftler es auf ihren Konferenzen tun. Meditation ist eine Kunst, weil sie viel Übung und Geschick erfordert. Es reicht nicht aus, lediglich zu wissen, wie die Technik funktioniert. Wenn das so wäre, würde es ausreichen, einfach ein Buch zu lesen oder einen Kurs zu besuchen, in denen die Technik erklärt wird, um erleuchtet zu werden.

Sukadev

III. 2. Bilden die Bewußtseinsinhalte einen ununterbrochenen Strom, so ist dies dhyana (Meditation).

Wenn die Konzentration ununterbrochen wird, dann ist es dhyana. Dhyana ist volle Konzentration auf ein Objekt, vollständige Absorption, so daß man ganz in dieser Konzentration aufgeht.

Es ist schwierig, das Wort dhyana zu übersetzen. Meist wird es als Meditation übersetzt. Nur - Meditation ist ja in der ursprünglichen Bedeutung etwas anderes. Es kommt vom Lateinischen und bedeutet Nachdenken. Als Descartes im 17. Jahrhundert seine „Meditationes" schrieb, hat er keine Meditationstechniken beschrieben, sondern tiefes Nachdenken über bestimmte Themen. Wenn wir dagegen heute sagen, ich meditiere jetzt eine halbe Stunde, dann ist damit gemeint, wir setzen uns hin (asana), regulieren den Atem (pranayama), ziehen die Sinne nach innen zurück (pratyahara) und konzentrieren uns auf etwas (dharana). Ob wir wirklich den dhyana-Zustand erreichen oder nicht, können wir im voraus nie genau sagen. Dhyana ist, wenn die Konzentration anstrengungslos ist. Wenn man zum Beispiel in der Meditation das mantra „Om namah sivaya" wiederholt und sich dabei bemühen muß, die Konzentration bei der Mantrawiederholung zu halten, weil der Geist wegwandert und man ihn immer wieder zurückholen muß, dann ist das dharana. Ist der Geist vollkommen konzentriert, und ist man total absorbiert in der Meditation und wiederholt „Om namah sivaya" nicht mit absichtlicher Konzentration, sondern es wiederholt sich von selbst und man ist ganz verschmolzen darin, dann ist es dhyana.

Dieses dhyana kann sogar außerhalb von reiner Meditation passieren. Das haben wir im Rahmen des ersten Aphorismus des zweiten Kapitels im Zusammenhang mit den fünf Zustandsformen des Geistes besprochen: mudha, ksipta, viksipta, ekagrata und nirodha. Ekagrata, Einpünktigkeit des Geistes, entspricht in der niederen Ausprägung dhyana, in der oberen Stufe samprajnata samadhi.

Wenn man ganz konzentriert ist, auch im täglichen Handeln, ist auch das dhyana. Es ist das, was in der modernen Glücksforschung als Flow-Erlebnis bezeichnet wird: Man fließt mit der Sache, man handelt nicht, sondern es handelt durch einen hindurch. Das sind die Momente, wo der Mensch das Außergewöhnlichste leistet, sich vollkommen losgelöst und frei fühlt.

III. 3. Tad evarthamatra-nirbhasam svarupa-sunyam iva samadhih.

Tadev (tat + eva) = das gleiche; artha = das „Objekt", der Gegenstand der Meditation; matra = nur; nirbhasam = „leuchtend" oder darin erscheinend; svarupa = wahre oder wesentliche Form; sunyam = leer, Null; iva = als ob; samadhih= (ist) Samadhi, kognitive Versenkung.

Tamni
III. 3. Die gleiche (Kontemplation), wenn nur der Meditationsgegenstand das Bewußtsein besetzt und nicht er selbst (der Verstand), ist Samadhi.

Hier kommen wir zum letzten Stadium der Verstandeskonzentration. Dieses stellt den Höhepunkt der vorangegangenen Vorbereitung dar und befähigt den Verstand, tief in die jenseits der Welt der Erscheinungen verborgenen Wirklichkeitsbereiche einzutauchen. Das Thema Samadhi wurde im 1. Abschnitt ausführlich besprochen. Dabei wurden seine allgemeinen und tieferen Aspekte betrachtet. In dem vorliegenden Zusammenhang ist es deshalb nötig, nur auf seine einleitenden Aspekte, insbesondere seine Beziehung zu Dharana und Dhyana, einzugehen.

Wenn das Stadium von Dhyana fest begründet ist und der Verstand den Meditationsgegenstand ohne jede Ablenkung festhalten kann, dann ist es möglich, diesen Gegenstand viel gründlicher zu erkennen als durch das übliche Denken; doch selbst dann wird eine unmittelbare Erkenntnis seines innersten Wesens nicht erlangt. Wie verhindert der Verstand das Begreifen des innersten Wesens dieses Objektes? Indem er das Bewußtsein seiner selbst zwischen die hinter dem Gegenstand verborgene Wirklichkeit und das Bewußtsein des Yogis schiebt. Es ist ganz klar und einfach dieses Selbstbewußtsein bzw. die Subjektivität, die als Schleier wirkt, um ihn vom Objekt zu trennen und die gesuchte Wirklichkeit zu verhüllen.

Ein großer Komponist ist fähig, seine besten Werke zu schaffen, wenn er sich selbst gänzlich vergessen hat. Es ist das Erlöschen des Selbstbewußtseins, das auf irgendeine Weise die Pforte zu einer neuen Welt öffnet, die sie normalerweise nicht betreten können.

Etwas Ähnliches findet auf einer weit höheren Ebene statt, wenn Dhyana in Samadhi übergeht und sich das Tor zur Welt der Wirklichkeit öffnet. Patanjali nennt dieses Verschwinden der Selbstwahrnehmung des Verstandes Svarupa sunyam iva, „die 'eigene Form' bzw. wesentliche Natur des Verstandes erlöscht sozusagen". Untersuchen wir diesen Satz sorgfältig, denn jedes Wort in ihm ist bedeutsam. Was ist Svarupa? Alles in der Manifestation hat zwei Formen, eine äußere, die seine oberflächliche, unwesentliche Natur ausdrückt und Rupa heißt, und eine innere, die das eigentliche Wesen bzw. die Substanz seiner wahren Natur bildet und Svarupa heißt. Im Falle des im Dhyana-Zustand befindlichen Verstandes ist Rupa das Pratyaya bzw. das Objekt der Meditation. Durch dieses kommt der Verstand zum Ausdruck. Svarupa ist das übriggebliebene Bewußtsein seiner eigenen Tätigkeit bzw. Rolle im Dhyana-Prozeß und ist im wesentlichen die subjektive Natur des Verstandes. Dieses Bewußtsein wird immer schwächer, während Dharana in Dhyana übergeht und die Verstandeskonzentration im Dhyana zunimmt.

Doch es ist auf allen Stufen des Dhyana - wenn auch schwach - noch vorhanden, und erst wenn es völlig verschwindet, geht Dhyana in Samadhi über.

Das Wort sunyam bedeutet eine Leere oder Null, und hier ist die letztere gemeint, denn es handelt sich darum, die restliche Selbstgewahrung zum Verschwinden zu bringen, und nicht darum, etwas bis zur äußersten Grenze zu leeren. Von einer Entleerung des Verstandes kann in der Tat keine Rede sein, da der Meditationsgegenstand ja den Verstand weiterhin vollständig ausfüllt. Svarupa Sunyam heißt also, die Selbstwahrnehmung oder subjektive Rolle des Verstandes muß aufs äußerste reduziert werden. Damit der Schüler sich nicht einbildet, daß das Svarupa wirklich vernichtet wird, wenn Samadhi den Platz von Dhyana einnimmt, fügt der Verfasser das Wort iva hinzu, das „als ob" bedeutet. Svarupa scheint nur zu erlöschen, doch geschieht dies tatsächlich nicht; denn sobald Samadhi aufhört, tut es sich wieder kund.

Die Frage, wie es möglich ist, das innerste Wesen eines Meditationsgegenstandes durch seine Verschmelzung mit dem Verstand zu erkennen, ist von großem Interesse. Mit dem Verschwinden des mentalen Svarupa kommt eine höhere Fähigkeit als der Intellekt ins Spiel, und die Wahrnehmung der hinter dem Objekt verborgenen Wirklichkeit erfolgt durch Vereinigung dieser Fähigkeit mit dem Gegenstand der Wahrnehmung. Der Wahrnehmende, der wahrgenommene Gegenstand und die Wahrnehmung selbst werden in eins verschmolzen.

Ist die Selbstgewahrung verschwunden, was bleibt dann im Verstand übrig? Nur der Meditationsgegenstand, denn jede Art Zerstreuung wurde ja ausgeschaltet, bevor das Dhyana-Stadium fest begründet werden konnte. Dies ist der Sinn der Worte Arthamatra-Nirbhasam. Der Ausdruck Tad eva bedeutet „das gleiche" und wird hier zur Betonung der Tatsache benutzt, daß Samadhi nur eine fortgeschrittene Phase von Dhyana ist und nicht eine neue Technik. Der einzige Unterschied zwischen beiden ist, wie wir bereits gesehen haben, die Abwesenheit der mentalen Selbstgewahrung, die das Objekt in einem neuen Licht erstrahlen läßt.

Man sieht, wie die Häufigkeit der Ablenkungen in Dharana abnimmt und der Grad an mentaler Selbstwahrnehmung in Dhyana sich verringert. Im Samadhi ist man vollkommen frei sowohl von Zerstreuungen als auch von Selbstbetrachtung, und im Bewußtseinsfeld verbleibt allein das Objekt.

Diese Unempfänglichkeit des physischen Körpers auf äußere Anregungen im Zustand von Samadhi verleitet viele Leute zu dem Irrtum, gewöhnliche Trance für Samadhi zu halten. Reine Trance kann jedoch kein Beweis für die Erlangung von Samadhi sein. Auch im Schlaf oder unter dem Einfluß von Anästhetika und Drogen wird der Körper unempfindlich. Deshalb wird die Tatsache, ob sich jemand in Samadhi befindet, einzig vom Zustand seines Verstandes bestimmt und keineswegs von der Unbeweglichkeit des physischen Körpers.

Es ist nötig, auf diese offensichtlichen Tatsachen aufmerksam zu machen, weil diejenigen, die mit der Yoga-Philosophie nicht vertraut sind und im niederen Psychismus herumpfuschen, im allgemeinen die Regungslosigkeit des physischen Körpers mit Samdhi verwechseln, so daß selbst Leute, die es fertigbringen, recht lange unbewußt zu bleiben, für große Yogis gehalten werden! Dieser Zustand bloßer Unbeweglichkeit wird Jada-Samadhi genannt und steht tatsächlich in keiner Beziehung zu dem wahren Samadhi, obgleich er ihm äußerlich sehr ähnelt. Ein Mensch, der aus dem echten Samadhi zurückkehrt, bringt transzendentes Wissen, die Weisheit, den Frieden und die Kraft des inneren Lebens mit sich, während jemand, der aus Jada-Samadhi auftaucht, nicht klüger ist als einer, der aus dem Schlaf erwacht.

Govindan

III. 3. Kognitive Versenkung [samadhi] ist die Meditation, [bei der] das ganze Objekt [als Bewußtsein] erstrahlt, so als ob es seiner individuellen Form entkleidet sei.

In der kognitiven Versenkung (samadhi) geht die Meditation (dhyana) über eine reine Mühelosigkeit hinaus. Es gibt keine Unterscheidung mehr zwischen Subjekt, Objekt und ihrer Beziehung zueinander. Es gibt keine Wahrnehmung mehr, von irgendetwas

45

getrennt zu sein. Samadhi wird nicht geübt. Anstrengung und Übung sind nur bis zur Meditation erforderlich. Der Handelnde verschwindet in samadhi. Man ist einfach in samadhi, der kognitiven Versenkung. Das kann anfangs ein atemfreier Zustand der Verbundenheit mit Gott sein. Nachdem man diese Erfahrung öfter gemacht hat, kann sie allmählich unseren Geist auch im Wach- und Schlafzustand durchdringen.

Sukadev

III. 3. Wenn nur die eigentliche Bedeutung (des Meditationsgegenstandes) frei von Subjektivität erstrahlt, so ist dies samadhi.

Das ist die Beschreibung von samprajnata samadhi. Eine noch höhere Stufe wäre asamprajnata samadhi, der dem nirodha-Zustand entspricht: vollkommene Gedankenstille, kein Gedanke mehr im Geist. Das ist das Ziel des Yoga. Darauf kommt Patanjali gegen Ende dieses Kapitels noch zu sprechen. Im 2. und 3. Vers des 1. Kapitels heißt es ja bereits: „ Yogas citta vrtti nirodhah" - „Yoga ist das Zur-Ruhe-Kommen der Gedanken im Geist", und „ Tada drastuh svarupe vasthanam" -„Dann ruht der Sehende in seinem wahren Wesen".

Aber bevor wir dorthin gelangen, kommen wir durch verschiedene andere Zustände. Es reicht nicht aus, dem Geist zu befehlen: „Jetzt höre auf zu denken!" Das klappt nicht. Manche Menschen schaffen es zwar, ihre Wortgedanken auszuschalten, und glauben dann, sie dächten an nichts. Das ist aber nicht wirklich asamprajnata samadhi; sie sind nicht selbstverwirklicht. Wenn sie es wären, würde man das auch sonst an ihrem Verhalten merken. Ein Selbstverwirklichter ist schwer zu übersehen. Wenn man ihn anbrüllt, macht ihm das nichts aus. Wenn er sich den Fuß bricht, auch nicht. Wenn er einen Tag nichts zu essen hat, auch nicht. Wenn er jemanden sieht, dem es schlecht geht, dann wird er in Mitgefühl zerfließen und ihm alles geben, was er kann und hat. Manchen Menschen gelingt es, ihre Wortgedanken zur Ruhe zu bringen, dann sind aber immer noch Bilder und Gefühle da. Und manchen gelingt es, Worte und Bilder zur Ruhe zu bringen, aber dann haben sie alle möglichen Gefühle.

Wie im Kommentar zu I.5 gesagt, gibt es drei Grundbestandteile von

Gedanken: Worte, Bilder und Gefühle, die normalerweise zusammenspielen. Darüber hinaus gibt es aber noch einen vierten Bestandteil der Gedanken, und das ist die eigentliche Bedeutung. Normalerweise gehören alle drei oben erwähnten Bestandteile dazu, um eine Bedeutung zu erfahren. Wenn ich zum Beispiel „Uhr" sage, was siehst du dann vor dem geistigen Auge? - Irgendeine Uhr: ein Zifferblatt, eine Armbanduhr, einen Wecker, eine Bahnhofsuhr, meinetwegen auch eine Standuhr oder eine Kuckucksuhr. Und mit dieser Vorstellung ist eine bestimmte Emotion verbunden. In samadhi verschwindet auch die Subjekt-Objekt-Trennung. Solange man in vaikhari (*Wort*) und pasyanti (*Gedanke*) ist, gibt es ein Objekt, dessen man sich bewußt ist. Es gibt ein Ich als Subjekt. Dieses Ich hat einen Gedanken, und über diesen Gedanken kommt man zur Bedeutung des Objektes. Die para-Ebene, die eigentliche Essenz, die Bedeutung eines Gegenstandes, kann man so von außen nicht wahrnehmen. Nur wenn das Bewußtsein mit der Essenz des Gegenstandes verschmilzt, erfährt man die wirkliche Bedeutung des Gegenstands.

Es gibt kein objektives Wahrnehmen. Die Wahrnehmung geschieht immer über die Sinne und den Geist und ist damit gefärbt durch vrttis (Gedankenwellen), unser Unterbewußtsein und alle möglichen wahrnehmungstheoretischen Abläufe. Ein einfaches Beispiel: Wenn es einem gesundheitlich einmal nicht so gut geht - angenommen, man hat starke Kopfschmerzen -, dann erlebt man einen Tag, eine Situation, ganz anders als jemand, dem es gutgeht oder als man selbst, wenn man in einer guten Verfassung ist. Der Geist prägt die Erfahrung erheblich. Aber wenn der Yogi nicht mehr durch den Geist wahrnimmt, sondern mit dem Bewußtsein in die Essenz der Sache hineingeht, dann kann er sie direkt wahrnehmen, ohne subjektive Färbung. Das ist dann die objektive, direkte Wahrnehmung, von der Patanjali im ersten Kapitel gesprochen hat. Und das geschieht eben in samprajnata samadhi.

In samadhi verschwinden also die vrttis (Gedanken), wie wir sie kennen. Wir haben keine Wortgedanken mehr, keine Bildgedanken mehr, keine emotionellen Gedanken mehr. Es verbleibt nur die reine Bedeutung des Objekts. Dabei verschwinden Subjekt und Objekt, das heißt, wir verschmelzen mit unserem Bewußtsein mit diesem Objekt, sind uns in dem Moment unserer selbst nicht mehr als Subjekt bewußt. Auf diese Weise bekommen wir zwei Dinge, nämlich jaya, Herrschaft und prajna, Wissen.

III. 4. Trayam ekatra samyamah.
Trayam = die drei; ekatra = an einer Stelle, vereint; samyamah = (ist) Samyama, ein technischer Ausdruck, der die drei Begriffe Dharana, Dhyana und Samadhi umfaßt.

Taimni
III. 4. Die drei zusammen bilden Samyama.
Die vorangegangenen Ausführungen über Dharana, Dhyana und Samadhi dürften klargestellt haben, daß diese drei tatsächlich verschiedene Phasen des gleichen mentalen Prozesses sind, wobei sich jede nächste Stufe von der vorhergehenden durch größere Tiefe der erreichten Konzentration sowie durch vollkommenere Isolierung des betrachteten Objekts von Ablenkungen unterscheidet. Der mit Dharana beginnende und mit Samadhi endende vollständige Prozeß heißt in der Yoga-Terminologie Samyama, und die praktische Bemeisterung seiner Technik öffnet die Pforten nicht nur zu Kenntnissen aller Art, sondern auch zu Kräften und überphysischen Leistungen, die als Siddhis bekannt sind.

Zwei Tatsachen in bezug auf Samyama sind zu beachten: erstens ist es ein kontinuierlicher Vorgang, und der Übergang von einem Stadium zum nächsten erfolgt ohne plötzliche Veränderungen im Bewußtsein. Zweitens hängt die Zeit, die zur Erreichung der letzten Stufe gebraucht wird, einzig vom Fortschritt des Yogi ab. Der Anfänger mag Stunden und Tage benötigen, bevor er die letzte Stufe erreicht, während ein Adept fast unmittelbar und mühelos auf sie übergehen kann. Da Samadhi keine Fortbewegung im Raum mit sich bringt, sondern lediglich ein Einsinken in das Zentrum des eigenen Bewußtseins, spielt die Zeit dabei keine besondere Rolle. Die vom Yogi dafür benötigte Zeitspanne ist einzig seiner mangelnden Beherrschung der Technik zuzuschreiben.

Govindan

III. 4. Die Praxis dieser drei [dharana, dhyana und samadhi] zusammen auf ein Objekt gerichtet, ist das Eins-werden [samyama].

Wenn Konzentration, Meditation und samadhi in einer einzigen Übung kombiniert werden, kann man von „vollendeter Selbstbeherrschung", „Beschränkung" oder „Einswerden" sprechen. Samyama wurde oft übersetzt mit „Beschränkung".

Das Sanskrit-Präfix „sam" kommt in seiner Bedeutung dem lateinischen Präfix „kom" oder „kon" im Sinne von „zusammen mit" „vollständig" oder „außerordentlich" nahe. Wie aus den folgenden Versen zu ersehen ist, schließt samyama verschiedene Elemente, Objekte und Gedanken ein und führt zu übermenschlichen Fähigkeiten (siddhis) in dieser Welt. In diesem Zusammenhang kann die Beziehung zu verschiedenen Objekten am besten durch den Begriff "Eins-werden" übersetzt werden.

In einem solchen Zustand des „Eins-werdens" (samyama) mit dem Objekt der Kontemplation, strömen göttliche Kräfte in jedes Objekt bzw. jeden Gedanken, auf den man sich konzentriert. Und dies manifestiert sich spontan. Ebenso wie man im Mikrokosmos des menschlichen Körpers nur die gedankliche Anweisung zu geben braucht, den Arm zu heben, damit er gehoben wird, so manifestieren sich im Makrokosmos auf Wunsch die göttlichen Kräfte, wenn man durch samyama den Zugang zu ihnen gefunden hat.

Sukadev

III.4. Diese drei (dharana, dhyana und samadhi) zusammen bilden samyama.

Wenn dharana, dhyana und samadhi aufeinander folgen, ist es samyama. Man kann samyama auch definieren als eine bestimmte Form der Konzentration, die, wenn wir sie perfektionieren, zu samadhi führt.

Samyama heißt die Konzentration auf eine Sache, ohne darüber nachzudenken, ohne darauf zu reagieren, ohne zu beurteilen und ohne zu analysieren.

Zu klären bleibt noch, was die höheren Grade des Samadhi (Nirbija und Dharma-Mega-Samadhi) , Siddhis (übernatürliche Kräfte) und Kaivalya (Befreiung) bedeuten. Sie machen das aus, was man (im spirituellen Kontext) unter Selbstverwirklichung versteht.

I.51. Tasyapi nirodhe sarva-nirodan nirbijah samadhih.

Tasya = von dem; api = auch; nirodhe = bei Unterlassung, Aufhören; sarva = (von) allen; nirodhan = durch Unterlassung, Aufhören; nirbijah = „samenlos", ohne Keim, ohne Prägung; samadhih = Samadhi.

Taimni
I. 51. Wird auch dieser durch Unterdrückung/Aufhören aller (Modifikationen der Psyche) abgestellt, dann ist „samenloses" Samadhi (erreicht).

Wurde die Fähigkeit, Samyama zu üben, erworben und vermag der Yogi, leicht in das letzte Sabija-Samadhi-Stadium einzugehen, welches dem Asmita-Stadium (*Asmita= Ich-heit*) des Samprajnata-Samadhi (I-17) entspricht, ist er bereit für den letzten Schritt, nämlich den gesamten Bereich von Prakrti hinter sich zu lassen und Selbstverwirklichung zu erreichen. Auf der Asmita-Stufe funktioniert das Bewußtsein in der feinsten Citta-Form, und die Erleuchtung hat ihren höchsten Grad erreicht; doch da sich das Bewußtsein noch auf dem Gebiete von Prakrti befindet, muß es bis zu einem gewissen Grade begrenzt sein.

Die Schleier der Täuschung wurden einer nach dem anderen beseitigt; aber ein letzter, kaum wahrnehmbarer Schleier verhindert vollkommene Selbstverwirklichung, und es ist der Zweck von Nirbija-Samadhi, diesen zu entfernen. In den Frühstadien von Samprajnata-Samadhi (*mit Bewusstseinsinhalten*) führte der Wegfall des „Samens" zum Auftauchen des Bewußtseins auf der nächsthöheren Ebene. Nachdem jedoch die Asmita-Stufe erreicht wurde und das Bewußtsein auf die atmische (*Selbst*) Ebene konzentriert ist, wird das Aufgeben des „Samens" zum Auftauchen des Bewußtseins im Reich des Purusa (*individuelles Selbst*) selbst führen. Das Licht, das bisher andere Objekte erleuchtete, durchscheint nun sich selbst, denn es hat sich über den Bereich dieser Objekte hinaus zurückgezogen. Der Seher hat sich jetzt in seinem eigenen Selbst niedergelassen (I-3).

Es ist unmöglich, sich diesen Zustand vorzustellen, in dem das Licht des Bewußtseins sich selbst erleuchtet und nicht andere Dinge außerhalb seiner selbst. Jede folgende Stufe der Entfaltung des Bewußtseins stärkt dessen Klarheit und Leuchtkraft ungeheuer und führt zu einem vermehrten Einstrom von Wissen und Macht. Es ist deshalb absurd anzunehmen, daß im letzten Stadium, welches den Gipfel dieser Entfaltung bildet, das Bewußtsein plötzlich in einen vagen, nebelhaften Zustand abgleitet. Allein die Beschränkungen der Körper, durch die wir diesen Zustand zu erschauen versuchen, hindern uns daran, ihn auch nur in begrenztem Ausmaß zu erfassen. Werden Tonschwingungen zu schnell, wirken sie als Stille. Werden Lichtschwingungen zu fein, erscheinen sie als Dunkelheit. Ebenso erscheint die äußerst subtile Natur dieses transzendenten Bewußtseins der Wirklichkeit dem Verstand als Leere. (*Anm. A.T. In spirituellen Texten ist öfter von Leere oder Leerheit oder von der Dunklen Nacht die Rede. Da man sich darüber klar ist, dass solche Bezeichnungen unzureichend sind, greift man manchmal auf paradoxe Formulierungen wie Tosendes Stille oder Überfließende Leere zurück.*)

Die vorstehenden Erklärungen sollten es dem Schüler möglich machen, die Beziehung zwischen Nirbija-Samdhi und Asamprajnata-Samdhi deutlich zu verstehen. Sie zeigen, daß Nirbja-Samadhi nichts anderes ist als das letzte Stadium von Asamprajnata-Samadhi. Es unterscheidet sich von den vorausgegangenen Asamprajnata-Samadhis dadurch, daß es nun keine noch tiefere Citta-Lage mehr gibt, in die sich das Bewußtsein zurückziehen könnte. Jedes weitere Zurückziehen kann nur in das Bewußtsein des Purusa selbst geschehen. Das Bewußtsein des Yogi hängt gewissermaßen in der Schwebe am Rande des manifestierten Universums und muß vom letzten Stützpunkt im Reich der Prakrti in das Meer der Wirklichkeit abspringen. Der Yogi gleicht einem Schwimmer, der auf einer hohen Klippe über dem Meer steht. Er springt von Riff zu Riff, bis er das unterste erreicht hat, von dem er direkt ins Meer hinabspringen muß. Der letzte Sprung unterscheidet sich von allen vorangegangenen dadurch, daß er in ein völlig anderes Medium führt.

Nirbija-Samadhi hat diesen Namen nicht nur deshalb, weil im Bewußtseinsfeld kein „Samen" ist, sondern auch, weil bei dieser Art Samadhi kein neues Samskara (*Gewohnheitsmuster, Neigung*) geschaffen wird. In I-42 wurde bereits ein Merkmal des „Saatkorns" erwähnt. Diese Fähigkeit, sich unter günstigen Bedingungen zu reproduzieren, besitzen auch die „Saatkörner" von Samprajnata-Samadhi. Nachdem in Nirbija-Samadhi kein „Samen" vorhanden ist, können keine Samkaras erzeugt werden, und zwar nicht nur keine neuen, sondern auch die alten Samsaras des Sabija-Samadhi werden allmählich durch Para-Vairagya (*absolute Wunschlosigkeit*) und teilweisen Kontakt mit Purusa (IV-29) aufgelöst. So befreit sich das Bewußtsein nach und nach von der Bürde der Samskaras jener Art, die danach trachten, es in das Reich von Prakrti zurückzuziehen. Nirbija-Samadhi ist deshalb nicht nur ein Mittel, um das Gebiet von Prakrti hinter sich zu lassen, sondern auch, um die noch übrig gebliebenen subtilen Samskaras zu erschöpfen, die vollständig aufgelöst werden müssen, bevor Kaivalya erreicht werden kann.

Govindan

I. 51. Mit dem Aufhören [der Identifizierung mit] selbst diesem letzten Eindruck [„Ich bin"], während alle [anderen] ausgeschaltet sind, ergibt sich „nirbija samadhi", der samenlose Zustand des samadhi.

Wie den Stock, den man benutzt, um das Feuer zu schüren, ehe man ihn selbst ins Feuer wirft, so läßt man schließlich auch den letzten Eindruck - „Ich bin" - los, nachdem man ihn benutzt hat, um das Selbst von der Identifizierung mit den Dingen (prakrti), die das Bewußtsein beschäftigen, zu lösen. Übrig bleibt strahlende Selbst-Bewußtheit, die unabhängig von allem ist. Es gibt keine Trennung mehr zwischen dem Erkennenden, und dem Erkannten. Da ist nicht einmal mehr das Gefühl „Ich habe Gott erkannt". Es gibt keine

Geburt und keinen Tod mehr.

Tirumular definiert samadhi oder Selbst-Erkenntnis als den Zustand, in dem das „Ich" zum „Er"wird bzw. das „Er" ist:

Wenn er Ihn erkannt hat
Dann sind er, der Erkennende, und Er, der Erkannte,
Eins geworden.   (TM 1789)

Sukadev

I. 51. Wird auch dieses zur Ruhe gebracht und so alles zur Ruhe gebracht, tritt man in den samenlosen Zustand des samadhi ein.

Werden die Bewußtseinszustände von nirvicara, sananda und sasmita überwunden, werden auch sie zu nirodha, dann hört alles auf (sarva-nirodha) und wir kommen zu nirbja samadhi, zum samadhi ohne Samen. Dann ist man selbstverwirklicht.

Samadhi selbst kann man nicht beschreiben. Es ist sat-cit-ananda, reines Sein, Wissen und Glückseligkeit.

Die niederen samadhi-Stufen sind noch verbunden mit irgendwelchen Wahrnehmungen, konkreten Gefühlen, aber in den höheren Stufen gibt es nichts mehr, was man auch nur andeutungsweise beschreiben könnte.

Individuelle Emotionen, Gefühle, Wahrnehmungen, Sichtweisen sind nicht mehr da, weil das Bewußtsein in dieser Form von vollständigem samadhi, wo wir uns auf das Kosmische als Ganzes konzentrieren, nichts Individuelles mehr erfaßt.

Die Meister haben das Bewußtsein für das Unendliche und das Bewußtsein für die Welt gleichzeitig.

III. 8. Tad api bahir-angam nirbijasya.

Tat = das; api = auch; bahir-angam =, äußerlich; nirbijasya = für den Samenlosen, Keimlosen (Samadhi).

Taimni

III.8. Selbst dieses (Sabija-Samadhi) ist äußerlich gegenüber dem Samenlosen (Nirbija-Samadhi).

Das Thema Nirbija-Samadhi wurde bereits in 1-51 behandelt.

Verschiedene andere mit Nirbija-Samadhi zusammenhängende Dinge werden im IV. Abschnitt diskutiert. Der vorliegende Spruch würde hier nur eingefügt, um den Unterschied zwischen Sabija und Nirbija-Samdhi zu unterstreichen und dem Schüler begreiflich zu machen, daß Nirbija-Samadhi eine fortgeschrittenere Stufe auf dem Pfad der Selbstverwirklichung ist als Sabija-Samdhi. Sabija-Samadhi befaßt sich mit dem Wissen und den Kräften, die im Bereich von Prakrti auf dieser Seite des zu Kaivalya führenden Tores liegen. Nirbija-Samadhi seinerseits strebt nach Transzendierung des Gebietes von Prakrti und nach dem in Kaivalya inbegriffenen Leben im Zustand der Erleuchtung. Dies letztere ist deshalb natürlich innerlich im Verhältnis zu ersterem. Purusa muß zunächst durch Sabija-Samadhi alle Gebiete von Prakrti erobern, und erst dann kann er völlige Selbstverwirklichung erlangen, die ihn nicht nur zum Beherrscher dieser Reiche, sondern auch unabhängig von ihnen macht.

Govindan

III. 8. Diese drei sind wiederum die äußeren Glieder der folgenfreien kognitiven Versenkung [samadhi].

In bezug auf die kognitive Versenkung ohne „Keime" bzw. Folgen (asamprajnata samadhi, vgl. Vers I.51) sind diese drei letzteren äußere Glieder, reine Hilfsmittel, über die man schließlich hinauswächst.

Sukadev

III.8. Aber sogar diese sind äußerlicher als der samenlose Zustand.

Nirbija, ohne Samen, ist ein anderer Ausdruck für asamprajnata samadhi und nirvikalpa samadhi.

III. 50. Sattva-purusanyata-khyati-matrasya sarva-bhavadhisthatrtvam sarvanatrtvarn ca.

Sattva = eine der Gunas, reines Sein; verfeinertes Buddhi; purusa = das individuelle Selbst; anyata = Unterscheidung, Differenz; khyati = Gewahrung; matrasya = nur; sarva = (über) alle; bhava = Daseinszustände oder -formen; adhisthatrtvarn =

54

Vorherrschaft; sarva-jnatrtvam = Allwissenheit; ca = und.

Taimni

III. 50. Nur aus der Gewahrung des Unterschiedes zwischen Sattva und Purusa geht die Beherrschung aller Daseinszustände und -formen (Allmacht) sowie Wissen über alles (Allwissenheit) hervor.

Allwissenheit und Allmacht werden erst erlangt, wenn man mittels Samyama den Unterschied zwischen Sattva und Purusa voll erfaßt hat. Vikarana Bhava (*Unabhängigkeit*) ist jedoch eine Vorbedingung zur Entfaltung von Allmacht und Allwissenheit, weil diese grenzenlos sind, also nicht durch ein Instrument funktionieren können, das seiner Natur nach begrenzt ist. Nur auf den Fundamenten von Vikarana Bhava kann der unendliche Aufbau von Allwissenheit und Allmacht ruhen.

Es muß auch beachtet werden, daß die in III-49 erwähnte Bemeisterung von Pradhana (*Natur*) nur erreicht werden kann durch Trennung des Drsyam (*Gesehenes*) (II-18) vom Drasta (*Seher*) (II-20). Doch bei diesem Erblicken des von ihm selbst getrennten Drsyam sieht der Drasta immer noch und wird so identifiziert mit Sattva Guna, der tatsächlichen Grundlage der Wahrnehmung. Solange diese Identifizierung anhält, ist er beschränkt, denn Sattva Guna befindet sich ebenfalls im Bereich der Prakrti. Deshalb kann er Allmacht und Allwissenheit nicht ausüben. Erst wenn er imstande ist, sich selbst als von der Fähigkeit des Sehens oder Sattva getrennt zu erkennen, verläßt er das Reich der Prakrti vollständig und vermag Allmacht und Allwissenheit auszuüben. Der Grahitr (*Erkennende*) muß sich selbst nicht nur von Grahya (*Erkanntes*), sondern auch von Grahana (*Erkenntnis*) getrennt erkennen, um ganz frei von Beschränkung zu werden.

Diese Sutre bestätigt auch den im vorangegangenen Spruch geäußerten Gesichtspunkt, daß Purusa die Doppelrolle des Zuschauers und des Handelnden zu spielen hat. Er erlangt nicht nur immer mehr Wissen, sondern übt die Kräfte aus, die dieses Wissen verleiht. Er wird nicht nur allwissend, sondern auch allmächtig. Die Tatsache, daß die beiden Funktionen in diesem Spruch getrennt aufgeführt sind, scheint diesbezüglich keinen Zweifel zuzulassen. Warum wird dann in den Yoga Sutren der erkennende Aspekt ständig betont, während der Willensaspekt nur selten Erwähnung findet? Offensichtlich, weil Macht eine Ergänzung des Wissens und für alle praktischen Zwecke in das Wissen jener Art einbezogen ist, welches der Yogi erwirbt.

Es erweist sich als ratsam, diese Sutre mit III-36 zu vergleichen. Die hier beschriebene Methode führt zu Allwissenheit und Allmacht, während die von III-36 lediglich zur Entfaltung von Pratibha (*Intuition*), Hören, Sehen usw. (III- 37) dient. Der Unterschied in den daraus folgenden Resultaten ist der Tatsache zuzuschreiben, daß das in III-36 gemeinte Wissen des Purusa nur partiell ist, das in III-50 dagegen vollständig. Bei totaler Sonnenfinsternis ragt anfangs nur ein Fragment der Sonne aus dem Schatten heraus; doch dieses wird immer größer, bis die Sonne vollständig aus dem Mondschatten herausgetreten ist. Diese beiden Zustände können dazu beitragen, etwas Licht auf die partielle und die vollständige Trennung des Purusa von Prakrti zu werfen, worauf sich die beiden Sutren beziehen.

Govindan

III. 50. Durch die Unterscheidung zwischen dem Selbst und dem Sein, erlangt [der yogin] die Beherrschung aller [Daseins-]Formen sowie Allwissenheit.

Nachdem man die Kräfte gewonnen hat, die in den vorangegangenen Versen beschrieben wurden, kann man zu Allmacht und Allwissenheit gelangen, sofern man den Wunsch danach aufgibt. Dieses Paradoxon wurde erstmals in Vers II.26 erwähnt, wo es hieß, daß die Wahrnehmung, die ständig unterscheidet (viveka-khyatir-aviplava) zwischen dem Selbst und dem, was vorübergehend ist, der einzige Weg ist, um den höchsten, „keimlosen" (nirbija) Zustand der nicht-objekt-orientierten kognitiven Versenkung (asamprajnatah samadhi) zu erreichen. Wer das Selbst vom „Dasein" unterscheidet, wird, wenn er Allmacht (sarva-bhava-adhisthatrtvam) und Allwissenheit (sarva-jnatrvam) erlangt, gleichzeitig die beiden letzteren hinter sich lassen. Um es kurz und bündig zu sagen: Wenn du alles aufgibst, bekommst du alles. Oder: Wenn du genügend gereinigt bist, um die Kraft, Berge zu versetzen, zu erlangen, wirst du nicht mehr den Wunsch haben, sie zu versetzen, so daß sie da bleiben, wo sie sind.

Sukadev

III. 50. Daraus entsteht Schnelligkeit des Geistes, außersinnliches Wissen und Herrschaft über die Natur.

Wer die Sinnesorgane meistert, kann darüber die Fähigkeit zur direkten Wahrnehmung ohne Sinne erwerben. Patanjali sagt hier, wir bekommen direktes Wissen ohne Einschaltung des Geistes, einfach indem wir uns in etwas hineinversetzen. Aber wir können ebenso, wenn wir unseren Geist beherrschen, ihn ohne die Sinne zu einem Objekt oder einem Wesen hinschicken und es so intuitiv wahrnehmen. Auch bei geschlossenen Augen können wir zum Beispiel in einen Raum nebenan schauen.

III. 51. Tad-vairagyad api dosa-bija-ksaye kaivalyam
Tad-vairagyat = durch Nichtanhaften an diesem (dem in der vorangegangenen Sutre erwähnten Siddhi); api = sogar; dosa = (von) Bindung, Defekt; bija = Samen, Saat; ksaye = bei Zerstörung; kaivalyam = Befreiung.

Taimni

III. 51. Durch Nichtanhaften selbst an diesem, auf die Zerstörung des Samens der Bindung, folgt Kaivalya.

Wenn sich Allwissenheit und Allmacht als Ergebnis der Wahrnehmung des feinen Unterschiedes zwischen Purusa und Sattva entfaltet haben, hat der Yogi die Sphäre der Prakrti hinter sich gelassen; doch wenn er an diesen transzendenten Kräften haftet, die nur auf dem Gebiete der Prakrti ausgeübt werden können, ist er in gewisser Weise noch von Prakrti abhängig und ihr untertan. Meisterschaft über etwas bedeutet nicht unbedingt Unabhängigkeit davon, und solange Abhängigkeit besteht, hält auch die Bindung an. Ein Mann, der eine Frau liebt, kann sie völlig in seiner Gewalt haben und dennoch ihr Sklave sein. In diesem Falle ist das Hängen an ihr die Ursache seiner Bindung, und solange diese Bindung nicht zerstört wird, ist er nicht frei, und deshalb ist seine Macht über sie begrenzt. Gleichermaßen bedeuten Allmacht und Allwissenheit Beherrschung der Prakrti; doch solange das Haften des Yogi an diesen nicht zerstört wird, hängt er von ihr ab und ist nicht ganz frei. Und da Kaivalya ein Zustand völliger Freiheit ist, kann dieser erst erreicht werden, nachdem diese Art des Festhaltens durch Vairagya zerstört wurde. Der Yogi darf nicht die geringste Bindung oder Anziehung durch diese Kräfte aufkommen lassen, selbst wenn er sie auszuüben hat.

Es liegt daher auf der Hand, daß die Reise zu Kaivalya ein Prozeß des Erreichens immer höherer Stufen des Wissens und der Macht ist, die vor dem Endziel eine nach der anderen wieder aufgegeben werden müssen. Bindung an irgendeinen Zustand, wie hoch dieser auch sein mag, bedeutet nicht nur Unterbrechung weiterer Fortschritts, sondern sogar die Möglichkeit, aus der erreichten schwindelnden Höhe kopfüber abzustürzen. Der Pilger muß unermüdlich vorwärtsdrängen, bis das Endziel erreicht und er frei von dieser Gefahr ist.

Govindan

III. 51. Durch Loslösung selbst von [den siddhis der Allwissenheit und Allmacht] erlangt man [mit der] Zerstörung der Keime dieser Hindernisse die absolute Freiheit.

Ein Gedanke ist wie ein Pfeil, der auf die Wahrheit abgeschossen wird. Er kann einen Punkt treffen, aber nicht die ganze Zielscheibe. Der Bogenschütze ist jedoch so befriedigt über seinen Erfolg, daß er gar nicht mehr verlangt. Dieses Bild trifft sehr genau auf Menschen zu, die glauben, die Wahrheit gefunden zu haben, einfach weil sie es geschafft haben, einen Punkt zu treffen. Das ist jedoch nicht genug. Man muß alle Standpunkte und die Zweckmäßigkeit aller Dinge kennen. Alles ist nützlich und hat seinen Platz. Es gibt keine sich widersprechenden Gedanken. Du siehst das unzerteilte Ganze. Es ist keine Wahl zu treffen. Es gibt nur die Vision von dem Einen.

Sukadev
III. 51. Durch Nichtanhaften sogar an diese (Allmacht und Allwissenheit) kommt die Zerstörung des Samens der Unreinheit, und man erlangt Befreiung.

Mit der Verwirklichung des Unterschiedes zwischen purusa und sattva, dem subtilsten Teil von prakrti, hat der Yogi vollkommene Allmacht erlangt. Wenn er sich daran nicht verhaftet, tad-vairagyad, also auch diesem entsagt, dann kommt der Yogi zu kaivalya, zur Befreiung. Api dosa bija ksaye: Der letzte Samen der Bindung wird zerstört.

Auf die Auflistung der Siddhis habe ich aus mehreren Gründen verzichtet. Für die meisten sind sie zu abgehoben. Es gibt Kommentare, wo sie als symbolisch interpretiert werden. Dagegen spricht, dass es auch in der Gegenwart bei Verwirklichten Wunder gibt. Für normale Menschen scheint das alles außer Reichweite. Einhellig wird darauf hingewiesen, dass die Siddhis nicht das Ziel, sondern eine Beigabe sind. Wer sich auf sie fixiert, gerät in eine Sackgasse.
„Der Yogi darf nicht die geringste Bindung oder Anziehung durch diese Kräfte aufkommen lassen, selbst wenn er sie auszuüben hat" schreibt Taimni. *Auch betreffs der höchsten Stufe sollte man auf den feinen Unterschied zwischen Nichtanhaften und Askese achten. Reichtum ist kein Problem, wenn man nicht dran hängt und ihn sinnvoll einsetzt. Und Armut kann genauso binden wie Geld. Fesseln können goldig oder rostig sein, sie bleiben so oder so Fesseln. Jesus und andere Meister haben Wunder gewirkt, wenn es in dem jeweiligen Zusammenhang sinnvoll war.*

IV. 29. Prasamkhyane `py akusidasya sarvatha viveka-khyater dharma-megah samadhih
Prasamkhyane = in Kenntnis der höchsten Meditation; api sogar; akusidasya = von einem, der kein Interesse an Belohnung

hat; sarvatha = auf jede Weise, ständig; viveka-khyatea = Unterscheidung, die zur Gewahrung der Wirklichkeit führt; dharma-meghah = Herabströmen der Dharmas; Samadhih = Trance, Überbewusstsein, kognitive Versenkung.

Taimni

IV. 29. Wenn jemand fähig ist, selbst gegenüber dem höchsten Stadium der Erleuchtung stetig in Vairagya (*Wunschlosigkeit, Nichtanhaften*) zu verharren und höchstes Unterscheidungsvermögen auszuüben, gelangt er zu Dharma Megha-Samadhi.

Bei ununterbrochener Übung von Viveka Khyati hält der Yogi Avidya in Schach und verhindert das Auftauchen von Pratyayas in seinem gehobenen Bewußtsein. Dazu kommt die Übung jener höchsten Art mentalen Verzichts, der als Para-Vairagya bekannt ist. Trotz der übermächtigen Anziehungskraft der hohen Stufe von Erleuchtung und Glückseligkeit, die er erreicht hat, verzichtet er gänzlich darauf, sich an diesen festzuhalten, und bewahrt ununterbrochen jene Haltung höchsten Nichtanhaftens. Tatsächlich ist das von ihm jetzt geübte Para-Vairagya nichts Neues, sondern lediglich der Höhepunkt des Verzichts, den er seit Beschreiten des Yoga-Pfades bereits geübt hat. Ebenso wie Viveka Khyati seinen Anfang in ganz einfachen Formen von Viveka nimmt und bei seinem Vorwärtsschreiten durch langwierige, intensive Übung entfaltet wird, entwickelt sich Para-Vairagya gleichermaßen aus einfachen Handlungen des Verzichtens und erreicht seinen Höhepunkt im Opfer von Glückseligkeit und Erleuchtung auf der atmischen Ebene. Es muß auch berücksichtigt werden, daß Viveka und Vairagya eng miteinander verknüpft sind wie die zwei Seiten einer Medaille. Indem Viveka die Augen der Seele öffnet, bewirkt es Loslösung von den Gegenständen, die sie in Banden halten, und das so entwickelte Nichtanhaften klärt seinerseits den Blick der Seele und gibt ihr einen tieferen Einblick in die Täuschung des Lebens. Auf diese Weise stärken sich Viveka und Vairagya gegenseitig.

Wenn die gemeinsame Übung von Viveka Khyati und Para-Vairagya lange Zeit hindurch fortgesetzt wird, erreicht sie durch einen Prozeß gegenseitiger Stärkung eine ungeheure Intensität und kulminiert schließlich in Dharma-Megha-Samadhi, der höchsten Stufe von Samadhi, die die „Keime" der Samskaras ausbrennt und die Tore zur Welt der Wirklichkeit öffnet, in welcher der Purusa ewig weilt. Warum es Dharma-Megha-Samadhi genannt wird, ist im allgemeinen nicht verstanden worden, und die gewöhnlich dafür gegebenen Erklärungen sind gezwungen und haben keinen Sinn. In den meisten solcher Erklärungen wird das Wort Dharma als Tugend oder Verdienst ausgelegt und Dharma-Megha als „eine Wolke, die Tugenden oder Verdienst herabströmen läßt", was natürlich nichts erklärt. Der Sinn des Ausdrucks Dharma-megha wird klar, wenn wir dem Wort Dharma die Bedeutung geben, die es in IV-12 hat, nämlich Eigenschaft, Charakteristikum oder Funktion. Megha ist ein in der Yoga-Literatur gebrauchter technischer Ausdruck für den verwölkten oder verschleierten Zustand, durch den das Bewußtsein im kritischen Stadium von Asamprajnata Samadhi hindurchgeht, wenn nichts im Bewußtseinsfeld geblieben ist.

Nirbija Samadhi, das in diesem letzten Stadium geübt wird, ist eine Art von Asamprajnata Samadhi, in dem das Bewußtsein des Yogis versucht, sich von dem letzten Schleier der Täuschung zu befreien, um in das Licht der Wirklichkeit selbst einzutauchen. Wenn diese letzte Anstrengung erfolgreich ist, verläßt das Bewußtsein des Yogis die Welt der Manifestation, in der Gunas und deren eigenartige Kombinationen, die Dharmas, am Werke sind, und taucht in der Welt der Wirklichkeit auf, in der diese nicht länger existieren. Seine Lage läßt sich mit der eines Flugpiloten vergleichen, der aus einer Wolkenbank in das helle Sonnenlicht eintaucht und alles klar zu erkennen beginnt. Dharma-Megha-Samadhi bedeutet also den letzten Samadhi, in dem der Yogi die Welt der Dharmas, die die Wirklichkeit wie eine Wolke verhüllen, von sich abschüttelt.

Der Durchgang durch Dharma-Megha-Samadhi vollendet den Entwicklungszyklus des Menschen und führt durch vollständige und endgültige Zerstörung von Avidya das Ende des Samyoga von Purusa und Prakrti herbei, worauf in II-23 Bezug genommen wurde. Nun

61

kann Avidya nicht länger die Sicht des Purusa verfinstern, der jetzt volle Selbstverwirklichung erreicht hat. Dieser Vorgang ist unwiderruflich, und wenn der Purusa diese Stufe erreicht hat, kann er nicht mehr in das Reich der Maya zurückfallen, aus dem er befreit wurde. Solange dieses Endziel nicht erreicht ist, könnte der Yogi selbst von einer sehr hohen Stufe der Erleuchtung herabstürzen; doch das ist nicht möglich, wenn er einmal durch Dharma-Megha-Samadhi gegangen ist und die Erleuchtung von Kaivalya erreicht hat. Die folgenden fünf Sprüche beschreiben lediglich die Folgen des Durchgangs durch Dharma-Megha-Samadhi und des Erreichens von Kaivalya. Es sei hier darauf hingewiesen, daß nicht versucht wurde, die Erfahrung der Wirklichkeit zu beschreiben. Dies wäre sinnlos, denn niemand kann sich die transzendente Herrlichkeit jenes Bewußtseins vorstellen, in das der Yogi beim Erreichen von Kaivalya eingeht. Mystiker haben bisweilen versucht, die herrlichen Visionen der höheren Ebenen, die sie im Samadhi erreicht haben, in verzückter Sprache zu beschreiben. Diese zwar sehr inspirierenden Beschreibungen verfehlen völlig ihren Zweck, jenen, die noch mit Blindheit geschlagen sind, eine Vorstellung von der Schönheit und Erhabenheit jener Ebenen zu vermitteln. Wie könnte denn jemand durch das grobe Medium der Sprache auch nur einen Schimmer von jener höchsten Erfahrung geben, die der Yogi beim Erreichen von Kaivalya macht, und da Patanjali die Nutzlosigkeit einer solchen Aufgabe erkannt hat, versucht er es gar nicht erst. Jedoch hat er in wenigen Sutren einige der Ergebnisse aufgeführt, die sich beim Erreichen von Kaivalya einstellen.

Govindan

IV. 29. Wenn man kein Interesse mehr an Belohnung hat und ständig zu unterscheiden weiß, folgt das Stadium der kognitiven Versenkung, das als Wolke des dharma bezeichnet wird.

Der Begriff „dharma-Wolke" oder „Wolke des dharma" wird nicht näher erläutert, aber wenn man von den Merkmalen der Vorbereitung darauf ausgeht, dann muß es sich um das Stadium kurz vor Erreichen der nicht-objekt-orientierten kognitiven Versenkung (asamprajnatah samadhi), die ultra-kognitive (keimlose oder nirbija) Versenkung, handeln. Das mag dem dharmakaya oder „Körper der Wahrheit" im Buddhismus nahe kommen, der Erfahrung des Vakuums, der Leere. Die unterscheidende Wahrnehmung (viveka-khyateh) wurde als das Mittel beschrieben, um das Selbst von der Welt zu unterscheiden. Sie besteht im wesentlichen darin, daß man zuerst alle Regungen des Bewußtseins und dann auch das individuelle Bewußtsein losläßt, um zum „Ur-Bewußtsein des Selbst" zu gelangen

In diesem Stadium wird der Mensch befreit vom Zwang der „Gegensatzpaare" des dualistischen Denkens (richtig und falsch, schön und häßlich usw.). Dharmische Prinzipien wie rechtschaffenes Verhalten oder Pflichterfüllung werden überflüssig. Wenn es kein „Ich" und „mein" mehr gibt, gibt es auch kein dementsprechendes Pflichtgefühl mehr. Man hat keine Wünsche mehr. Man hat nicht mehr das Bedürfnis, irgendetwas tun zu müssen. Auch wenn der Körper aufgrund der Nachwirkungen von vergangenem karma noch vorhanden ist, wird der yogin doch durch ihn nicht mehr beeinflußt. Seine Körperfunktionen bleiben erhalten, ebenso wie all das, was sich an der Oberfläche seines Geistes abspielt, bis dieses karma erschöpft ist.

Sukadev

IV. 29. Gibt man selbst den Wunsch nach dem höchsten Bewußtseinszustand auf und übt Unterscheidungskraft, erreicht man dharma-megha-samadhi.

Wenn man schließlich sogar den Wunsch nach Befreiung aufgegeben hat, erreicht man nicht nur normalen samadhi, sondern megha-Samadhi, ja sogar dharma-megha-Samadhi. Dharma-megha heißt wörtlich „Wolke der Tugend". In diesem Zustand weiß man, was das Richtige ist, was das eigene dharma, die eigene Aufgabe, die eigene Pflicht, ist.

Das Hauptmittel zur Befreiung ist der Wunsch nach Befreiung. Aber er ist gleichzeitig auch das letzte Hindernis. Ganz zum Schluß, wenn wir sehr weit entwickelt sind, müssen wir auch den Wunsch nach Befreiung aufgeben. Dann sind wir befreit. Das mag paradox klingen.

Wenn du zum Beispiel aufs Dach steigen willst, was benutzt du? -

Eine Leiter. Das Mittel, um aufs Dach zu steigen, ist eine Leiter. Und was mußt du als letztes tun, um wirklich auf das Dach zu kommen? - Die Leiter verlassen. Das letzte Hindernis vor der Berührung des Daches ist die letzte Stufe der Leiter und vielleicht auch die Sicherheit der Leiter.

IV. 30. Tatah klesa-karma-nivrttih.

Tatah = daher, damit; klesa = Kümmernisse, Leid; karma = Handlung und ihre Reaktionen; nivrttih = Aufhören, Freiheit von.

Taimni
IV. 30. Darauf folgt Befreiung von Klesas und Karmas.

Das erste Ergebnis des Erreichens von Kaivalya ist, daß der Yogi hinfort nicht mehr durch Klesas und Karmas gebunden werden kann. Dem Erreichen von Kaivalya folgt die Vernichtung von Klesas und Karmas. Die Sutre bedeutet also, daß die bloße Möglichkeit des Wiederauftauchens dieser beiden Werkzeuge der Bindung zerstört wurde. Nachdem der Jivanmukta durch Dharma-Megha-Samadhi gegangen ist und Kaivalya erlangt hat, kann er nicht wieder in Avidya zurückfallen und aufs neue bindendes Karma erzeugen.

Der Schüler muß der Beziehung zwischen Klesas und Karmas stets Rechnung tragen, denn auf dieser beruht die Technik, sich von der bindenden Wirkung von Karma zu befreien. Klesas und Karmas stehen miteinander als Ursache und Wirkung in Verbindung, wie dies ausführlich in II-12 erläutert wurde; und Karma kann dort nicht binden, wo nicht Avidya, sondern Gewahrsein der Wirklichkeit herrscht. Jedes Handeln in diesem Zustand geschieht zwangsläufig in völliger Übereinstimmung mit dem göttlichen Bewußtsein und ohne die geringste Identifizierung mit dem individuellen Ego. Deshalb erwachsen dem Menschen daraus keine Folgen. Die Täuschung eines getrennten Lebens wurde zerstört und unter diesen Bedingungen gibt es kein getrenntes Individuum im üblichen Sinne. Zwar ist nach der Yoga - Philosophie jeder Purusa eine Wesenheit für sich; aber das bedeutet lediglich, daß er ein gesondertes Bewußtseinszentrum in der Höchsten Wirklichkeit ist, und nicht, daß sein Bewußtsein von dem anderer Purusas getrennt ist und seine eigenen individuellen Ziele verfolgt, wie dies bei gewöhnlichen Menschen der Fall ist, die durch die Täuschung eines getrennten Lebens mit Blindheit geschlagen wurden. Individualität ist durchaus vereinbar mit innigster Vereinigung des Bewußtseins, was jeder Mystiker mit Erfahrung im höchsten geistigen Bewußtsein bestimmt weiß. In Kaivalya erreicht diese paradoxe Gleichzeitigkeit von Individualität und Einssein ihre höchste Vollendung.

Govindan

IV. 30. Damit hören die Belastungen und das Handeln auf.

Im Dharma- megha (Wolken)-samadhi rückt der Hintergrund in den Vordergrund und das, was im alltäglichen Körperbewußtsein im Vordergrund steht, rückt in den Hintergrund. Man verliert dann nie wieder die absolute Wirklichkeit aus dem Blick. Man wird durch nichts mehr belastet. Man wird nicht mehr berührt durch vergangene Handlungen, und man schafft kein neues karma. Das Bewußtsein hat eine höhere, transzendentale Ebene erreicht. Man hat nicht mehr das Gefühl „Ich bin der Handelnde." Man erwacht aus dem Traum.

Das schließt jedoch nicht aus, daß man weiter aktiv ist bzw. in dieser Welt bleibt. Von Vertretern der Samkhya-Philosophie, für die Selbstverwirklichung im Gegensatz zum Leben in dieser Welt steht, wird das ausgeschlossen. Die tamilischen Yoga Siddhas strebten nicht danach, diese Welt zu verlassen. Ihnen ging es vielmehr darum, ihre Rolle in dieser Welt zu verändern, indem sie sich auf allen Ebenen ihrer Existenz, einschließlich der physischen Ebene, für das höhere Bewußtsein öffneten. Wenn man dann handelt, geschieht es nicht mit dem Gefühl, daß man der Handelnde ist und schon gar nicht aus eine Motivation des Ego heraus. Man ist sozusagen in dieser Welt, aber man ist nicht von dies Welt. Warum sollte man dann in dieser Welt bleiben? Die Siddhas haben immer wieder betont: Wenn sie in dieser Welt bleiben, dann tun sie das nur, um anderen Menschen bei der spirituellen Transformation in ihrem Reifeprozeß zu helfen. Das erinnert an die Haltung eines bodhisattva: d. h.

entweder man strebt nicht nach der höchsten Erleuchtung, solange nicht alle Lebewesen sie gemeinsam erreichen können, oder man erlangt die Erleuchtung nur zum Wohle aller Lebewesen bzw. wenn man die Erleuchtung erreicht hat, bleibt man solange in dieser Welt wie es Leiden gibt. Santideva sagte in seinem Bodhi sattva caryavartara: „Solange es Leiden in der Welt gibt, so lange werde auch ich bleiben".

Sukadev
IV. 30. Dann hören Leiden und Karma auf.

IV. 31. Tada sarvavarana-malapetasya jnanasya-nantyaj jneyam alpam. Tada = dann; sarva = alle; avarana = das, was bedeckt, verschleiert oder entstellt; mala = Unreinheiten; apetasya = ohne, wovon entfernt wurde; jnanasya = vom Wissen; anantyat = wegen der Unendlichkeit von; jneyam = das Erfahrbare; alpam nur wenig.

Taimni
IV. 31. Dann ist infolge der Entfernung aller Trübungen und Unreinheiten das, was (durch den Verstand) erfahren werden kann, nur wenig im Vergleich zu dem unendlichen Wissen (das bei der Erleuchtung erlangt wird).
Die zweite Folgeerscheinung des Erreichens von Kaivalya ist die plötzliche Bewußtseinerweiterung im Bereich unendlichen Wissens. Wenn im Dharma-Megha-Samadhi der letzte Schleier der Täuschung entfernt wurde, ist die nun kommende Erleuchtung von gänzlich neuer Art. In den verschiedenen Stadien von Sabija-Samadhi scheint das bei jeder folgenden Bewußtseinsausdehnung in ein höheres Stadium von Citta gewonnene Wissen unermeßlich viel größer als auf der vorhergehenden Stufe. Doch selbst das transzendente Wissen der atmischen Ebene, die die höchste für den Verstand in der Welt der Manifestation erreichbare ist, sinkt zur Bedeutungslosigkeit zurück, wenn es mit Vivekajam-Jnanam (III-55) verglichen wird, das sich im Zustand der Erleuchtung in Kaivalya einstellt. Eine Million und eine

Milliarde sind im Vergleich zu Eins zunehmend ungeheure Größen; doch auch sie werden im Vergleich zur Unendlichkeit unbedeutend.

Wenn wir uns in der Welt der Unendlichkeit befinden, sind wir keineswegs im Bereich von Größen. So befindet sich der Jivanmukta nicht wirklich auf dem Gebiete des Wissens, sondern er hat das Wissen transzendiert und ist in das Reich reinen Bewußtseins übergegangen. Wissen wird durch die Auferlegung mentaler Schranken auf das reine Bewußtsein erzeugt, und so kann selbst die höchste Art des Wissens nicht mit der Erleuchtung verglichen werden, die eintritt, wenn all diese Schranken beseitigt sind und der Yogi in das Reich reinen Bewußtseins eingeht. Die Beziehung zwischen Wissen und Erleuchtung ist jener zwischen Zeit und Ewigkeit analog. Ewigkeit ist nicht unendlich ausgedehnte Zeit, sondern ein Zustand, der völlig über Zeit hinausgeht. Die beiden Zustände gehören nicht der gleichen Kategorie an.

Es sei hier darauf hingewiesen, daß alle wirklichen Mysterien des Lebens, die wir mit Hilfe des Intellekts zu enträtseln versuchen, tatsächlich im Ewigen verwurzelt und Zeit und Raum angepaßte Ausdrücke von Wirklichkeiten sind, die in ihrer wahren Form (Svarupa) im Ewigen existieren. Deshalb ist es nicht möglich, irgendein echtes Lebensproblem zu lösen, solange unser Bewußtsein auf das Gebiet des Unwirklichen beschränkt ist, und noch viel weniger, solange es noch in die engen, verkrampfenden Fesseln des Intellekts geschlagen ist. Die sogenannten intellektuellen Lösungen unserer Probleme, die die akademische Philosophie zu bieten sucht, sind durchaus keine Lösungen, sondern lediglich Darlegungen der gleichen Probleme in anderen Worten, die in Wirklichkeit die Probleme auf eine niedrigere Ebene abschieben. Die einzige Art, diese Probleme wirklich zu lösen, besteht darin, mit Hilfe der in der Yoga-Philosophie umrissenen Technik in unser eigenes Bewußtsein einzutauchen und es von allen Schranken zu befreien, die seine Selbsterleuchtung verhindern. Allein im Lichte des Ewigen lassen sich alle Lebensprobleme lösen, weil sie - wie oben erwähnt - im Ewigen verwurzelt sind. Um es genauer auszudrücken: die Probleme werden im Lichte des ewigen Bewußtseins nicht gelöst, da Lösung ein dem an Täuschung gebundenen Intellekt eigener Prozeß ist; sie werden vielmehr aufgelöst. Sie sind nicht länger vorhanden, denn sie waren Schatten, die der Intellekt in das Reich des Unwirklichen warf und die in der Welt der Wirklichkeit natürlich nicht existieren können.

Aus den vorstehenden Ausführungen ergibt sich ferner, daß das Mysterium des Lebens nicht stückweise entwirrt werden kann. Wir können dieses große Mysterium nicht in eine Anzahl von Teilproblemen aufbrechen und diese dann einzeln zu lösen versuchen; obschon es gerade das ist, was die moderne Philosophie zu tun versucht. Die Auflösung des Mysteriums geschieht bei Erlangung der synthetischen Vision des Ewigen und nicht durch Zusammensetzung getrennter Teillösungen, die durch analytische Prozesse des Intellekts gewonnen wurden. Es ist eine Frage des „Alles oder Nichts".

Aus diesem Grunde macht der Yogi keine ernste Anstrengung, die sogenannten Lebensprobleme mit dem Intellekt zu lösen, da er weiß, daß selbst die beste Lösung, die er auf diese Weise erhalten kann, in Wirklichkeit keine Lösung ist. Nicht, daß er den Intellekt verachtet; doch er kennt dessen Grenzen und benutzt ihn nur, um diese Grenzen zu überwinden. Er faßt seine Seele in Geduld und sammelt all seine Energien, um das von der Yoga-Philosophie gesetzte Ziel zu erreichen. Diese Philosophie gibt keinerlei Versprechen, die Lebensprobleme zu lösen; doch sie liefert den Schlüssel, der die Welt der Wirklichkeit erschließt, in der all diese Probleme aufgelöst und in ihrem wahren Wesen und richtigen Verhältnis erblickt werden.

Govindan

IV. 31. Dann sind alle Verschleierungen und Unreinheiten der Weisheit beseitigt. Aufgrund der Unendlichkeit dieser Weisheit bleibt fast nichts zu wissen übrig.

Normalerweise wird unser Bewußtsein angezogen oder abgelenkt von Dingen, die unsere Aufmerksamkeit aufgrund vorhandener Unzulänglichkeiten, wie Wünsche (ragah), Erinnerungen (smrtih), Ego (asmita) und Abneigung (dvesah), erregen. Wenn diese jedoch beseitigt sind, kann unser Bewußtsein die „absolute Wirklichkeit" widerspiegeln, ohne Beurteilung oder Kategorisierung. Hat man diese Verwirrungen des Geistes erst einmal losgelassen, findet das Selbst seine Identität mit der Wirklichkeit, die allem zugrunde liegt. Alle Erscheinungen werden transparent in einem unendlichen, ewigen Meer des Seins. Das ist Weisheit. Im Unterschied zum Wissen ist sie nicht an Dualitäten gebunden. Sie ist grenzenlos und wird intuitiv wahrgenommen, indem man eins wird mit ihrem Objekt.

Sukadev
IV. 31. Dann wird es mit der Beseitigung aller Schleier und Unreinheiten ersichtlich, daß das (über den Geist) Erfahrbare im Vergleich mit dem unendlichen Wissen (der Erleuchtung) nur winzig ist.

Dann erkennen wir: Alles, was vorher war, war eigentlich nichts im Vergleich zu dem, was wir jetzt erfahren.

IV. 32. Tatab krtarthanam pariniama–krama-samaptir gunanam.
Tatah = dadurch, deshalb; krtarthannam = nachdem sie ihren Zweck erfüllt haben;
parinama = von den Veränderungen; krama = Prozeß, Vorgang; samaptih = das Ende; gunanam = der drei Guas oder der drei Grundeigenschaften.

Taimni
IV. 32. Nachdem die drei Gunas ihren Zweck erfüllt haben, findet der Umwandlungsprozeß (in den Gunas) sein Ende.

Um diesen Spruch zu verstehen, müssen wir auf die im II. Abschnitt behandelte Theorie der Klesas zurückkommen, insbesondere auf II-23-24, die Zweck und Mittel angeben, um Purusa und Prakrti zusammenzubringen. Nachdem dieser Zweck durch Zerstörung von Avidya und Erreichen von Kaivalya erfüllt wurde, löst sich die zwangsweise Bindung zwischen Purusa und Prakrti ganz natürlich und automatisch auf, und diese Auflösung bedeutet auch das Ende

69

der Veränderungen der Gunas.

Nach der Yoga-Philosophie wird der bewegungslose Zustand von Prakrti, der als Samyavastha bekannt ist, gestört und die unaufhörlichen Wandlungen der drei Gunas setzen ein, wenn Purusa und Prakrti zusammengebracht werden. Diese Veränderungen werden so lange fortgesetzt, wie diese Verbindung anhält, und müssen aufhören, sobald sie aufgelöst wird, ebenso wie der elektrische Strom aussetzt, wenn in einem Dynamo das magnetische Feld entfernt wird, Das Abflauen der Störung in Prakrti und die Rückkehr der Gunas in den harmonisierten Zustand folgt als natürliches Ergebnis der Trennung von Purusa und Prakrti.

Was bedeutet diese Rückkehr der Prakrti zum Samyavastha? Soll es heißen, daß Purusa und Prakrti in ihren ursprünglichen Zustand zurückgekehrt sind und die wertvollen Früchte dieses langwierigen Entwicklungsprozesses verlorengehen? Nein! Purusa behält seine Selbstverwirklichung und Prakrti die Fähigkeit, augenblicklich auf sein Bewußtsein zu reagieren und ihm als Instrument seines Willens durch die leistungsfähigen, sensitiven Körper zu dienen, die im Laufe des Entwicklungsvorgangs aufgebaut wurden. Doch hinfort ist der Purusa nicht mehr an diese Träger gebunden, wie dies der Fall war, bevor er Kaivalya erreicht hatte. Die Körper auf den verschiedenen Ebenen der Manifestation können behalten oder aufgelöst werden; doch bleiben sie ständig in ihrer potentiellen Form, um sofort wieder in Tätigkeit zu treten, wenn der Purusa sie zu benutzen wünscht. Er gebraucht sie als bloße Träger seines Bewußtseins ohne jede Selbstidentifizierung, und deshalb sammeln sich auch keine neuen Karmas oder Samskaras an, und er ist frei, sich von ihnen zu trennen und in seine Wirkliche Form zurückzuziehen, wann immer er dies will. Die Verbindung zwischen Purusa und Prakrti ist jetzt eine gänzlich freie und vollkommene Vereinigung ohne jede Bindung oder Zwang für den Purusa. Er hat Avidya zerstört, und keine Samskaras halten ihn mehr an die Welt der Manifestation gebunden, wie dies beim gewöhnlichen Jivatma der Fall ist. Das Gleichgewicht der nun entfalteten Gunas ist so fest, daß sie augenblicklich und automatisch in dieses zurückfallen, sobald Purusa sein Bewußtsein in sich selbst zurückzieht. Es ist nicht nur unerschütterlich, sondern es birgt auch die Möglichkeit in sich, augenblicklich jede Zusammensetzung zu bilden, die zum Ausdruck des Bewußtseins erforderlich sein mag.

Govindan

IV. 32. Dann beenden die Gunas die Folge ihrer Transformationen, denn sie haben ihren Zweck erfüllt.

Nachdem der yogin die Bewußtseinszustände des Wachens, Träumens und Tiefschlafs transzendiert hat, verharrt er im vierten Zustand (turiya). Dann ist er nicht mehr betroffen oder abhängig von den Kräften der Natur (gunas).

Sinn und Zweck der gunas ist es, das Umfeld und die Möglichkeiten zu schaffen, mit deren Hilfe die individuelle Seele (jiva) über ihre Unwissenheit hinauswachsen und zur Einheit mit Gott zurückkehren kann. Im Lichte der Selbst-Verwirklichung verblassen sie dann.

Sukadev

IV. 32. Für solche, die das Ziel erreicht haben, hört der Vorgang des ständigen Wandels der gunas auf.

Haben wir die Selbstverwirklichung erreicht, dann verschwinden die drei gunas für uns. Die Verbindung von prakrti und purusa löst sich auf.

IV. 34. Purusartha-sunyanam gunanam pratiprasavah kaivalyam svarupapratisitha va citi-sakter iti.

Purusartha = Ziel des Purusa; sunyanam = ohne; gunanam = der Gunas oder drei grundsätzlichen Eigenschaften; pratiprasavah = Reabsorbieren, Rückgang, Wiedereintauchen; kaivalyam = Befreiung; svarupa = (in der) wirklichen oder eigenen Natur; pratistha = Niederlassung; va = oder; citi-sakteh = von der Kraft des reinen Bewußtseins; iti = Ende.

Taimni

IV. 34. Kaivalya ist der Zustand (der Erleuchtung), der dem Wiedereintauchen der Gunas folgt, nachdem diese für den

71

Purusa keinen Zweck mehr haben. In diesem Stadium läßt sich der Purusa in seiner Wahren Natur nieder, die reines Bewußtsein ist. Ende.

Wir kommen jetzt zur letzten Sutre, die den höchsten Zustand der Erleuchtung, der Kaivalya heißt, definiert und zusammenfaßt. Der Sinn der Sutre kann vereinfacht in folgenden Worten ausgedrückt werden: „Kaivalya ist jener Zustand der Selbstverwirklichung, in dem der Purusa sich endgültig niederläßt, wenn der Zweck seiner langwierigen Entfaltung erreicht ist. In diesem Stadium ziehen sich die Gunas, nachdem sie ihren Zweck erfüllt haben, in einen Zustand des Gleichgewichts zurück, und deshalb kann die Kraft reinen Bewußtseins ohne jede Trübung oder Einschränkung zur Auswirkung kommen."

Es wird darauf hingewiesen, daß dies keine Beschreibung des Bewußtseinsinhalts im Kaivalya-Zustand ist. Wie bereits erwähnt, kann niemand, der in der Welt des Unwirklichen lebt, die Wirklichkeit begreifen oder beschreiben, deren der Yogi beim Erreichen von Kaivalya gewahrt wird. Dieser Aphorismus stellt lediglich gewisse Zustände heraus, die sich in Kaivalya einstellen und dazu dienen, es von dem erhabenen Bewußtseinszustand zu unterscheiden, der ihm vorausgeht.

Es ist ganz natürlich, daß sowohl Ungewißheit als auch eine Menge Mißverständnisse über einen Bewußtseinszustand und ein Ziel menschlicher Vollendung herrschen, die jedes menschliche Fassungsvermögen bei weitem übersteigen. Doch manche dieser Mißverständnisse sind so offensichtlich, daß es sich lohnt, sie aufzuzeigen, bevor dieses Kapitel abgeschlossen wird

Bedeutet Kaivalya völliges Erlöschen des Individuums und Verschmelzung des Bewußtseins des Yogis mit dem göttlichen Bewußtsein, wie es der wohlbekannte Vers „der Tautropfen schlüpft in das leuchtende Meer" besagt? Wenn wir diese wichtige Frage untersuchen, die teilweise schon in II-18 besprochen wurde, müssen wir bedenken, daß Kaivalya der Höhepunkt eines unermeßlich langen Evolutionsprozesses ist, der sich über unzählige Leben und ungeheure Zeiträume erstreckt. In der letzten Phase dieses

Entwicklungsvorgangs, die durch die Übung von Yoga erreicht wird, entfalten sich Macht, Wissen und Glückseligkeit sprunghaft im Bewußtsein des Yogis und werden gegen das Ende so mächtig, daß der menschliche Verstand vor ihrer bloßen Betrachtung zurücktaumelt. Auf jeder Stufe seines Fortschritts findet der Yogi, daß das in ihm heraufdämmernde neue Bewußtsein unendlich vitaler und herrlicher als das vorangegangene ist, und er scheint nach und nach eine ungeheure Wirklichkeit aufzudecken, die in den tiefsten Schlupfwinkeln seines eigenen Wesens verborgen liegt. Kaivalya wird erreicht durch Hinausgehen über den transzendentesten Bewußtseinszustand, der innerhalb des Bereichs von Prakrti erreichbar ist. Ist die Annahme vernünftig, daß in dem erlangten neuen Bewußtsein seine Individualität völlig verlorengeht und die wertvollen Früchte der Evolution, die auf Kosten so vieler Leben und Mühen erworben wurden, mit einem Schlag ausgetilgt werden?

Es ist vernunftgemäß, anzunehmen, daß die Erfahrung der Einheit mit dem göttlichen Bewußtsein so vollkommen und überwältigend ist, daß dem Yogi im ersten Moment seine eigene Individualität abhanden zu kommen scheint; doch das bedeutet nicht notwendigerweise, daß diese aufgelöst und für immer in jener herrlichen Wirklichkeit untergegangen ist. Wäre die Individualität gänzlich aufgelöst, wie könnten wir uns dann ihr Wiedererscheinen in den niederen Welten erklären? Denn es ist eine nicht zu bezweifelnde Tatsache, daß diese großen Wesen in die niederen Welten zurückkehren, nachdem sie Erleuchtung erfahren haben. Für den Tautropfen ist es leicht, in das leuchtende Meer zu fallen und sich darin zu verlieren; er kann jedoch nicht wieder aus dem Meer zurückgeholt werden. Würde sich die Individualität in gleicher Weise versenken und verlieren, könnte sie sich nicht loslösen und wieder manifestieren. Wenn sie dies kann, heißt das einfach, daß ein Keim der Individualität - wie subtil er auch sein mag - selbst bei der vollkommenen Vereinigung des Jivatma mit dem Paramatma erhalten bleibt. Setzen wir also nicht irrtümlicherweise voraus, daß der langwierige, mühevolle Entwicklungsgang eines Menschenwesens im Aufgehen in einer Wirklichkeit endet, aus der es keine Rückkehr gibt, und daß die schwer verdienten Früchte der Evolution für ihn und andere verloren sind. Vertrauen wir darauf, daß der Allmächtige, der dieses wunderbare Universum geschaffen und das Schema der Evolution entworfen hat, mehr Intelligenz besitzt als wir!

Die wörtliche Bedeutung von Kaivalya verleitet wiederum viele Leute zu der Vorstellung, es sei ein Bewußtseinszustand, in dem der Purusa von allen anderen völlig isoliert ist und in einsamer Größe allein lebt wie ein Mensch auf dem Gipfel eines Berges. Gäbe es einen solchen Zustand, wäre er entsetzlich und nicht die Erfüllung der Glückseligkeit. Der Gedanke der Isolierung im Zusammenhang mit Kaivalya muß im Verhältnis zu Prakrti begriffen werden, von der der Purusa isoliert ist. Diese Isolierung befreit ihn von all den Beschränkungen, die die Verwicklung in die Materie im Avidya-Zustand mit sich bringt; doch führt sie ihn andererseits zur innigsten Vereinigung mit dem Bewußtsein in all seinen Manifestationen. Völlige Isolierung von Prakrti bedeutet vollkommene Vereinigung mit dem Bewußtsein oder der Wirklichkeit, denn es ist die Materie, die die verschiedenen Bewußtseinseinheiten trennt, während wir in der Welt der Wirklichkeit alle eins sind. Je mehr wir uns über die Materie erheben und unser Bewußtsein von ihr isolieren, umso stärker wird das Ausmaß unserer Vereinigung mit Paramesvara und allen Jivatmas, die Zentren in Seinem Bewußtsein sind. Und da Ananda unzertrennlich ist von Liebe oder der Gewahrung der Einheit, können wir leicht erkennen, warum dieses Kaivalya-Bewußtsein, das jeden in seine weite Umarmung einschließt, zum Gipfel der Glückseligkeit führt.

Die letzte Frage, die sich im Zusammenhang mit IV-34 stellt, ist die, ob Kaivalya das Ende der Reise bedeutet. Obwohl ein Studium der Yoga-Sutren den Eindruck erwecken mag, Kaivalya sei das Endziel, erklären all jene, die den Yoga-Pfad beschritten haben und weit auf ihm vorangekommen sind, ebenso wie die okkulte Tradition übereinstimmend, daß Kaivalya lediglich eine Stufe der unendlichen Bewußtseinsentfaltung ist. Wenn der Purusa diese Stufe der Selbstverwirklichung erreicht hat, eröffnen sich ihm neue Ausblicke der Vollendung, die weit über jedes menschliche Vorstellungsvermögen hinausgehen. Wie Buddha, der Herr, sagte: „Schleier um Schleier wird gelüftet; doch darunter befindet sich Schleier um Schleier". Die Yoga-Sutren vermitteln die Technik zur Erreichung des Endziels, soweit dies für Menschenwesen erreichbar ist. Was jenseits liegt, geht uns zur Zeit nicht nur nichts an, sondern geht weit über unser Fassungsvermögen hinaus und kann kein Gegenstand unseres Studiums sein. Die ferneren Mysterien, die wir zu enträtseln haben, und die Stufen des Pfades, den wir beschreiten müssen, verbergen sich in noch größeren Tiefen unseres Bewußtseins und werden sich zur rechten Zeit enthüllen, wenn wir dafür bereit sind. Gegenwärtig genügt es für uns vollkommen, das Ziel der Vollendung zu erreichen, das Kaivalya in sich schließt.

Govindan

IV. 34. So manifestiert sich die höchste Stufe der absoluten Freiheit, indem die grundlegenden Kräfte der Natur wieder in dieser aufgehen, da ihre Aufgabe, dem Selbst zu dienen, erfüllt ist. Oder [anders ausgedrückt] die Kraft des reinen Bewußtseins kommt in ihrem eigenen wahren Wesen zur Ruhe.

In diesem letzten Vers beschreibt Patanjali den höchsten, vollkommenen Zustand der Selbst-Verwirklichung als absolute Freiheit (kaivalyam) und sagt uns, daß dazu die Vereinigung des Bewußtseins (purusa) mit der Natur (prakrti) gehört. Dieser Vers ist gleichsam ein Echo auf Vers 1.3: „Dann ruht der Sehende in seinem wahren Wesen" (tada drastuh svarupe 'vasthanam). Diese Begriffe finden sich zwar überall in den Samkhya Karikas und Vedantas, aber wie sie hier gemeint sind, ist besser zu verstehen im Kontext vorangegangener Verse (vor allem I.16, 24, III. 35, 49, 55, IV.18) und der Philosophie der tamilischen Yoga Siddhas im allgemeinen.

Die tamilischen Yoga Siddhas sprechen hier von der Vereinigung Sivas (höchstes Bewußtsein) mit sakti (Kraft). Ergebnis dieser Vereinigung im yogin ist eine radikale Veränderung auf allen Ebenen. Die niedere Natur, die bis dahin nur von den Kräften der Natur (gunas) angetrieben wurde, wird ersetzt durch eine höhere Natur (svarupa) - das eigene wahre Wesen. Wer in Babajis Kriya Yoga eingeweiht ist, kann dies als svarupa samadhi bzw. das goldene samadhi erkennen, von dem überall in der tamilischen Yoga Siddha-Literatur die Rede ist. In diesem Zustand werden selbst die Zellen des physischen Körpers in ihrer begrenzten Struktur und Programmierung vom samadhi-Bewußtsein durchdrungen und erstrahlen in goldenem Licht. Alle 18 Siddhas der tamilischen Yoga Siddha-Tradition berichteten von diesem svarupa samadhi und beschrieben, wie ihre Körper in goldenem Glanz erstrahlten. So sprach zum Beispiel im 19. Jahrhundert der Siddha Ramalinga Swami vom „Körper des Lichts der höchsten Gnade." Die Gesetze der niederen Natur, die von den Kräften der Natur (gunas) bestimmt werden, werden ersetzt durch eine höhere Natur. Alle sprachen aus eigener persönlichen Erfahrung auf dieser Endstufe der höchsten Transformation.

Was ist das Zeichen von svarupa mukti [Befreiung der Form in und
aus ihr selbst]? Der physische Körper erstrahlt im Feuer der
Unsterblichkeit. - Roma Rishi

Tirumular spricht in Dutzenden von Versen von svarupa als „leuchtender Erscheinung des Selbst."
Wenn jiva Siva geworden ist
und die drei malas beseitigt sind,
im Aufstieg zu den drei Bereichen,
wo Wunsch und Wunschlosigkeit aufgehört haben,
der Körper den Zustand von
Satya-jnana-ananda-Glückseligkeit erreicht hat,
dort im höchsten turiya von jiva
findet sich die leuchtende Erscheinung des Selbst (svarupa).
(TM 2834)

Und der Heilige Meister, Parama Guru (oberster guru)
durchdringt als Para fortwährend alles.
In diesem allgegenwärtigen Zustand
läßt er sein strahlendes Licht (svarupa) leuchten,
wenn jiva den endgültigen turiya-Zustand erreicht. (TM 2835)

In diesem „endgültigen turiya-Zustand" geht die individuelle Seele (jiva) im Höchsten Wesen auf und erlangt den feinstofflichen Siva-Zustand einer strahlenden Erscheinung des Selbst. Dabei kommt es nicht darauf an, ob der yogin weiterhin in dieser Welt mit einem Körper in Erscheinung tritt oder nicht. Man ist nicht mehr den normalen Gesetzen und Kräften der Natur unterworfen. Wenn man diese Welt verläßt, dann nicht, weil der Körper verfällt und stirbt. Wie Babaji es ausdrückte: „Der Tod ist ein Scherz für mich, denn ich bin der Tod des Todes."

Dieser eine ist immer allein:
transzendiere die fünf kalas,
sei im Wachzustand (turiya).
Erreiche den einsamen Zustand des Höheren kevala
und sei dort ganz allein,
ohne jede Empfindung.
Voll Begeisterung tritt ein in den (turiya) atita Zustand:
Dann bist du der Tat-Para selbst. (TM 2450)

Sukadev

IV.34. Hören alle Anstrengung und Zielstreben auf und sind die gunas (Eigenschaften der Natur) wieder (in ihren Ursprung) absorbiert, da ist das kaivalya (Befreiung). Die Seele ruht in ihrer wahren Natur - reinem Bewußtsein. - Ende.

Dann sind wir befreit: nichts mehr zu tun, kein Leid, kein Vergnügen, kein Schmerz, keine Aufgaben, keine mantras, keine asanas, nichts. Es gibt nur nur eine Bewußtheit, sat cit ananda, reines Sein, Wissen und Glückseligkeit.

Nachwort

• *Wie man sieht, gibt es über das „Was kommt nach dem Erwachen?" in den Kommentaren unterschiedliche Ansichten. Patanjali sagt darüber eigentlich nichts. Man kann die Frage auch anders formulieren: „Was ist das Ziel der Evolution des Lebens?" Da ich nicht erwacht bin, möchte mein Verstand wissen, wozu man* den überhaupt meditieren soll. Die Frage ist nicht philosophisch, sondern ganz pragmatisch. Dazu ein kleiner Ausflug in meine Vergangenheit. Ich habe mehrere Jahre an Gruppenmeditationen teilgenommen, die von einer Lehrerin aus dem Umfeld von Willigis Jäger geleitet wurden. Im Anschluss an die Meditationen gab es Gruppengespräche über wechselnde Themen. Ich vertrat dort meine Ansichten z.B. über Karma und Wiedergeburt sowie Unsterblichkeit der Seele und Einssein (es gibt nur ein Bewusstsein), also Themen, die man in der Bhagavad Gita findet. Die Gruppenleiterin bezeichnete ihre Ausrichtung als Christlichen Zen, was nach meiner Meinung ein Widerspruch in sich selbst ist, da Zen keinen Gott und keine unsterbliche Seele kennt. Sie vertrat entsprechend die Aussage: Ich komme aus dem Licht und kehre (nach dem Tod) wieder in das Licht zurück. Dann ist das Leben ungerecht, da Menschen z.B. mit Behinderungen geboren werden. Nach der Lehre von Karma und Wiedergeburt ist das erklärbar und der Sinn ist die Entwicklung der Seele. Wenn ich nach dem Tod wieder in das Licht eingehe, wozu soll ich dann meditieren und mein Leben spirituell ausrichten. Diese Fragen konnte von der Lehrerin nicht beantwortet werden. Auch die „Gretchenfrage", was es denn mit den Wundern Jesu auf sich habe, wurde mit Symbolik erklärt.

Als Antwort auf die Frage möchte ich (neben der Bhagavad Gita und ähnlichen Schriften) auf Meha Baba verweisen. Ich habe sein umfangreiches Buch „Der Göttliche Plan der Schöpfung" konzentriert in wenigen Sätzen an anderer Stelle wiedergegeben:

Meher Baba

Er legt eine umfassende Darlegung von Evolution und Involution der Seele vor, die auf Hinduismus und Sufismus basiert.

Stufe 1 ist <u>Gott im Jenseits-des-Jenseits-Zustand</u>, transzendent, ewig, unendlich.

Stufe 2 ist <u>Gott im Jenseits-Zustand</u>. Er ist nicht verschieden von 1. Eigenschaften dieses Zustandes sind Unendliche Macht, Unendliches Wissen und Unendliche Glückseligkeit. Aus einem Aufwallen verspürte Gott den Wissensdrang „Wer bin Ich?"

Stufe 3 ist <u>Gott als Ausstrahler, Bewahrer und Auflöser</u>. Der Beginn der Schöpfung.

Stufe 4 ist <u>Gott als verkörperte Seele</u>. Er nimmt verschiedenen Formen an, um in diesen Formen Erfahrungen zu machen.

Stufe 5 ist <u>Gott im Zustand der Evolution</u>: Gase → Mineralien → Pflanzen → Tiere.

Stufe 6 ist <u>Gott als menschliche Seele im Zustand der Reinkarnation</u>. Das Bewusstsein ist voll entwickelt, erfährt sich aber nicht als Eins (unteilbar, ewig, unendlich).

Stufe 7 ist <u>Gott im Zustand der fortgeschrittenen Seele</u>. Der Prozess der Rückkehr (Involution) beginnt.

Stufe 8 ist <u>Gott als der Göttlich Versunkene</u> (Brahmi Boot, Majzoob). Gott erfährt sich als Gott mit Unendlicher Macht, Unendlichem Wissen und Unendlicher Glückseligkeit, nutzt diese aber nicht.

Stufe 9 ist <u>Gott als befreite inkarnierte Seele</u>. Die Seele erfährt den „Ich bin Gott"-Zustand und ist sich gleichzeitig der materiellen, feinstofflichen und mentalen Ebenen bewusst (Paramahansa, Jivanmukta).

Stufe 10 ist <u>Mensch als „Mensch-Gott"</u>. Er erfährt nicht nur Unendliche Macht, Unendliches Wissen und Unendliche Glückseligkeit, er wendet sie auch an (Sadguru, Erlöser).

Gott allein ist wirklich, und da wir alle auf Dauer im Göttlichen Geliebten verweilen, sind wir alle eins.

Das Glück der Gott-Verwirklichung ist das Ziel der gesamten Schöpfung. Um dieses Glückes Willen trat die Welt in Erscheinung.

Quelle: Meher Baba, Der Göttliche Plan der Schöpfung.

Dort habe ich auch Meister Eckhart zitiert:

Meister Eckhart

Bei Meister Eckhart gibt es Karma und Wiedergeburt nicht. Hätte er das gepredigt, dann hätte ihn die Inquisition schon wesentlich früher vorgeladen. Ansonsten verweise ich auf Poonja. Als ihm Texte von Meister Eckhart vorgelegt wurden, meinte er, das sei identisch mit den Aussagen der Upanishaden.

„Wo Gott ist, da ist die Seele, und wo die Seele ist, da ist Gott."

„Du brauchst ihn weder hier noch dort zu suchen, er ist nicht weiter als vor der Tür des Herzens."

„Die Seele muss daheim sein in ihrem Innersten und in dem Höchsten und in ihrem Lautersten und beständig innebleiben und nicht auslugen."

„Die Seele ist für ein so großes und hohes Gut bestimmt, dass sie darum sich bei keiner Weise beruhigen kann, und sie eilt allezeit dazu, dass sie über alle Weisen hinaus zu dem ewigen Gute kommt, das Gott ist, für das sie geschaffen ist."

„Wenn Gott die Seele in sich zieht, so wird sie verwandelt in Gott, so dass die Seele göttlich wird. Da verliert die Seele ihren Namen, nicht aber ihren Willen und nicht ihr Sein."

Auch Meister Eckhart meint, dass die Seele zwar ihr Äußeres (die Muster = Samskaras) verliert, sich aber nicht auflöst.

„Wo die Seele in ihrer reinen Natur ist, da hätte sie alle Vollkommenheit und alle Freude und Wonne."

„Nun wollen es gewisse Leute es gar so weit bringen, dass sie der Werke ledig werden. Ich sage: Das kann nicht sein. Nach dem Zeitpunkt, da die Jünger den Heiligen Geist empfingen, da erst fingen sie an, Tugenden zu wirken."

„Das eine ist jenes, ohne das ich nicht in Gott zu gelangen vermag: das ist Werk und Wirken in der Zeitlichkeit, und das mindert die ewige Seligkeit nicht."

„Die Seele soll nimmer nachlassen, bis sie des Werkes so gewaltig werde wie Gott. Dann wirkt sie mit dem Vater alle seine Werke. Sie wirkt mit ihm einfaltig und weise und liebend."

Resultat: Erfüllt vom Heiligen Geist in der Welt wirken. Teilhabe am Werk Gottes.

Meister Eckhart predigt eindeutig nicht den Rückzug aus der Welt. In der Zen-Geschichte ist der Hirte zurück auf dem Markt mit offenen Händen.

Quelle: Meister Eckhart, Die deutschen Werke

Im **Johannes Evangelium** wird gesagt: „ Glaubt mir doch, daß ich im Vater bin und der Vater in mir ist; wenn nicht, glaubt wenigstens aufgrund der Werke! Amen, Amen, ich sage euch: Wer an mich glaubt, wird die Werke, die ich vollbringe, auch vollbringen, und er wird noch größere vollbringen, denn ich gehe zum Vater."

Herr Taimni hat ähnliche Aussagen wie im Kommentar zu IV.34 schon in den Kommentaren zu III.55+56 gemacht: „Hat sich der selbstverwirklichte Yogi in seinem wahren Selbst niedergelassen, vermag er, in der Welt des Relativen zu weilen und zu wirken, indem er alle Kräfte benutzt, die ihm Prakrti zur Verfügung gestellt hat, ohne jedoch im geringsten den Täuschungen zu unterliegen, die sie für jene schafft, die sie noch nicht gemeistert haben." „Der Yogi kann im Reich von Prakrti weilen und dennoch seine Ewige Natur voll verwirklichen. Dieser Spruch zeigt deutlich, daß Kaivalya nicht unbedingt die Trennung des Purusa von Prakrti bedeutet. Wenn das Sattva in dem erforderlichen Ausmaß geläutert wurde, kann der Purusa in voller Verwirklichung seiner wahren Natur und in Freiheit durch Prakrti wirken." *Man könnte einwenden, dass die Aussagen in seinen Kommentaren sich nicht direkt aus den Sutren ableiten lassen, möge aber bedenken, dass er über fundierte Kenntnisse spiritueller Texte verfügte.*

Demnach ist der Sinn der Evolution definitiv nicht die „Auflösung der Salzpuppe im Meer." Andernfalls wären die folgenden **Bibel**-*Zitate nur Trost-spendende Lügen:* „Trachtet zuerst nach dem Reich Gottes und seiner Gerechtigkeit; dann wird euch alles andere dazugegeben." *sowie* „Im Hause meines Vaters gibt es viele Wohnungen."

• *Zum Thema Unsterbliche Seele möchte ich mein Lieblingszitat dazu aus der* **Bhagavad Gita** *anführen:* „Dieses SELBST wird nie geboren, noch kann es je vergehen; noch kann es, da es einmal besteht, wieder aufhören zu sein. Es kennt keine Geburt, ist ewig, unwandelbar und stets das Gleiche (unberührt vom üblichen Ablauf zeitlicher Vorgänge). Es wird nicht vernichtet, wenn der Körper getötet wird."

*Bei **Patanjali** findet man nur indirekte Hinweise.*

I. 37. Ruhe des Geistes wird erreicht, wenn das Bewusstsein ausgerichtet ist auf den Geist jener großen (*auch verstorbener*) Seelen, die Abhängigkeiten überwunden haben.

II.5. Avidya hält das Vergängliche für das Ewige, das Unreine für das Reine, das Leidvolle für Glück und das Nicht-Selbst für das Selbst.

• *Zum Thema Brückenschlag zwischen dem Wissen der Rishis und Quantenphysik habe ich 2 Bücher mit guten Bewertungen gekauft. Enttäuschend! Herr Taimni schafft ganz unspektakulär und so nebenbei diese Herausforderung in dem Vers über Mantrameditation in I. 27.*

Entsprechend der dem Mantra-Yoga zugrundeliegenden Doktrin findet die primäre Manifestation der letzten Wirklichkeit durch das Mittel einer eigentümlichen feinen Vibration statt, die Sabda heißt, was Ton oder Wort bedeutet. Die Welt wird nicht nur erschaffen, sondern auch erhalten durch dieses Sabda, das sich in unzählige Schwingungsformen aufteilt, die der Welt der Erscheinungen zugrundeliegen.

Diese Vibrationen bzw. Ausdrucksformen von Energie stellen nicht nur das Material für die geoffenbarte Welt (wobei das Wort Material im weitesten Sinne gemeint ist), sondern sie bringen durch ihre Tätigkeit und Wechselwirkungen auch alle Erscheinungen auf den verschiedenen Ebenen hervor. Diese gewiß überraschende Schlußfolgerung ist nichts im Vergleich zu der noch mysteriöseren Doktrin der okkulten Wissenschaft, wonach all diese unendlich komplexen Schwingungen der verschiedensten Arten Ausdruck einer Einzigen Schwingung sind und diese Einzige Schwingung hervorgebracht wird vom Willen jenes mächtigen Wesens, das der betreffenden manifestierten Welt vorsteht, sei diese Welt ein Sonnensystem, ein Universum oder ein Kosmos. Diese ungeheure primäre und integrierte Vibration, von der sich alle manifestierten Schwingungen ableiten, heißt Sabda-Brahman.

Analoges findet man in der Bibel: Am Anfang war das Wort.

• *Auch bei der Sichtweise über Purusha (Selbst, Bewusstsein, Subjekt) und Prakriti (Natur, Materie, Objekt) geht es nicht um abstrakte Theorie. Sie hat weitreichende Auswirkungen. Patanjali baut größtenteils auf der Philosophie des Samkhya auf, wo es in der klassischen Version eine strikte Trennung in die dualen Prinzipien mit Bewusstsein und Materie gibt (Dualismus). Erlösung bedeutet die Befreiung aus der Verstrickung des Purusha mit den Gunas, den Elementen der Urmaterie. Im Advaita Vedanta (z.B. Kashmir Shivaismus, Upanishaden, Bhagavad Gita) als einem monistischen System geht man von einem alldurchdringenden Urgrund (Brahman) aus und sieht die Trennung von Subjekt und Objekt als Illusion (Maya) an. Erlösung bedeutet (Wieder-)Einswerden mit der letzten Wirklichkeit, dem Einen ohne Zweites (A-dvaita), Gott.*
Ob ich die Welt (Prakriti) überwinden muß oder sie als eine Manifestation Gottes ansehe, macht einen gewaltigen Unterschied.
„Söhne, Frau, Eigentum, Vieh, Häuser, Freunde und Verwandte sind Feinde Gottes. Man muß diesen Objekten völlig gleichgültig gegenüberstehen." *sagt ein Swami, von dem gesagt wird, er sei erleuchtet.* „Wer Mich in allen Wesen sieht, der ist Mir lieb." *sagt Krishna in der Bhagavad Gita. Auch im Christentum gibt es die Ansicht, die Welt sei schlecht. Eine Aussage aus dem Thomas Evangelium steht dazu im Gegensatz. Dort wird zum Ausdruck gebracht, dass alles eine Manifestation Gottes ist:*
Logion 77
Jesus sprach:
Ich bin das Licht, das alle Menschen erleuchtet.
Ich bin das GANZE.
Das GANZE ist aus mir hervorgegangen und
das GANZE ist mir zugekommen.
Spaltet Holz, ich bin da.
Hebt einen Stein auf, ihr werdet mich dort finden. **Thomas Evangelium**

• Patanjalis Darlegungen sind präzise, aber auch ein wenig trocken. Zur Abrundung hänge ich deshalb noch einige Zitate an.

Kashmir-Shivaismus

Die hier geoffenbarten 112 Weisen, die göttliche Natur in sich zu entdecken, sind so umfassend, dass kein Aspekt der Wirklichkeit und der menschlichen Erfahrung ausgeschlossen ist. Dennoch ist ihre Vielfalt nicht verwirrend, da sie nur ein Ziel haben, auch wenn es verschiedene Bezeichnungen trägt: das Erlangen der Mitte, das Eintauchen in die Leere, die höchste Freude, das Erlangen des Zustandes frei von Gedanken und Vorstellungen (nirvikalpa), das Einswerden mit Shiva/Bhairava u.a.m. Ausgangspunkt ist die Erfahrung, dass die Menschen zu sehr in ihre individuellen Vorstellungen, Gedanken und Zerstreuungen (vikalpa) verstrickt sind, um die göttliche Wirklichkeit, die in ihnen schlummert, wahrnehmen zu können. Nur eine Befreiung aus ihren eingefahrenen Denkstrukturen kann sie befähigen, ihr eigenes göttliches Wesen zu erkennen (vijnana bhairava). Eigentlich einzige Voraussetzung für die höchste Erfahrungen ist daher ein Zustand, der frei von Gedanken und Vorstellungen ist (nirvikalpa). Nur die Mittel und Wege, diesen gedankenfreien Zustand zu erlangen, sind unterschiedlich. Abhinavagupta rechtfertigt die Anwendung jeder Methode, wenn es um die Erlangung der höchsten Wirklichkeit geht.

Bhagavad Gita

Wisse schließlich, Arjuna, dass das Ziel darin besteht, sich nicht in die Welt zu verstricken, sondern die Welt zu gebrauchen, um zur Göttlichkeit zu gelangen.

Kabbala

Gott sagt: es gibt nur mich. Alles, was ist, ist Ich. Zwar trete ich aus dem Einssein in die Zersplitterung, in die Vielheit hinein, aber ich bleibe doch immer der, der ich bin, in den vielfältigsten Gestalten und Kräften werde ich mich zeigen. Und doch bin ich der, der ich bin, und bin schon jetzt, der ich sein werde. Ich werde Blitz sein, ich werde Berg sein, Fluss, ich werde der Lauf der Gestirne sein. Mineralien, Pflanzen und Menschen werde ich sein. Und werde doch immer der Eine sein, das Eine, die Einheit des Vielen. Nichts und niemand wird außerhalb meiner sein, nichts und niemand neben mir. Irrtum wäre es, eine meiner vielen Emanationen als Gottheit anzubeten. Zwar bin ich der Blitz, aber der Blitz ist nicht Ich. Zwar bin ich der heilige Berg, aber der Berg ist nicht Ich. Zwar bin ich der Fluss, das Unwetter, die Jahreszeit, aber sie alle sind nur winzige Atome meines unendlichen Leibes.

Krishna sagt in der **Bhagavad Gita**
Alle Geschöpfe sind zwar dem Anschein nach getrennt, aber wahrhaft nur eines, alle Wesen gehen von der Gottheit aus und sind in der Gottheit vereint. Wer dies erfasst, wird die Gottheit und erlangt dadurch Befreiung.

Chandogya Upanishad
Diejenigen allein erlangen Samadhi, die ihre Sinne gemeistert haben und frei von Zorn sind, frei von Eigenwillen und von Vorlieben und Abneigungen, ohne egoistische Bindungen an Menschen oder Dinge.
Diejenigen allein erlangen Samadhi, die bereit sind, sich in den drei Stufen der Meditation einer Herausforderung nach der anderen zu stellen. Unter Anleitung eines erleuchteten Lehrers gelangen sie zur Vereinigung mit dem Herrn der Liebe, der überall anwesend ist.
Obwohl die drei Gunas ihm entspringen, ist er unendlich und unsichtbar.
Obwohl alle Galaxien aus ihm hervorgehen, ist er ohne Gestalt und nicht konditioniert.
Mit dem Herrn der Liebe vereinigt zu werden bedeutet, von aller Konditionierung befreit zu werden.
Das ist der Zustand der Selbst-Verwirklichung, ganz unerreichbar für Worte und Gedanken.
Mit dem Herrn der Liebe vereinigt zu werden, dem unvergänglichen, unveränderlichen, jenseits von Ursache und Wirkung existierenden,

bedeutet, unendliche Freude zu erlangen.

Das Selbst ist eines, obwohl es viele zu sein scheint. Jene, die über das Selbst meditieren und das Selbst realisieren, gehen hinaus über den Verfall und den Tod, über die Getrenntheit und den Kummer. Sie sehen das Selbst in einem jeden und erlangen alle Dinge. Kontrolliere die Sinne und reinige den Geist. In einem reinen Geist herrscht ständiges Gewahrsein des Selbst. Wo ständiges Gewahrsein des Selbst herrscht, beendet Freiheit die Knechtschaft und beendet Freude den Kummer.

Roemer 12
..., also sind wir viele ein Leib in Christus,…

Robert Adams
Nichts in diesem Universum
wird dir sagen können, was du bist.
Es ist jenseits von Worten und Gedanken.
Mit deinem begrenzten Verstand
wirst du nie verstehen, wer du bist.
Also versuche es gar nicht erst.
Es funktioniert umgekehrt.
Wenn du wirklich aufhörst, darüber nachzudenken
oder wissen zu wollen, wer du bist,
wenn du aufhörst zu analysieren
und mit dem Versuch aufhörst, es herauszufinden,
dann wird sich die Wahrheit über dich offenbaren.

Sie ist jenseits aller Gedanken und Gefühle, die du je hattest.
Sie hat absolut nichts mit dir zu tun, so wie du jetzt bist.
Sie ist die Grundlage der gesamten Existenz.
Du kannst sie Gott nennen, wenn du magst.
Denke nicht an dich selbst als eine anthropomorphe Gottheit
getrennt von Gott.

Weil Gott ist, bist du.

Daher bist du, was Gott ist.
Es gibt keine Trennung.
Wache auf zu dieser Wahrheit.

Ich möchte euch noch einmal erinnern: Der einzige Unterschied zwischen dem Weisen und euch ist, ihr seht die Welt und identifiziert euch damit. Ihr glaubt, sie sei real. Der Weise sieht die Welt und weiß, sie ist eine Erscheinung im Bewusstsein. Also identifiziert er sich mit Bewusstsein.

Edgar Cayce

Behalte im Gedächtnis, dass er ein Gott der Liebe ist, denn Er ist die Liebe; und dass er ein Gott der Freude ist, denn Er ist die Freude.

Yogananda

Das allgegenwärtige Bewusstsein
Christi und Krishnas
Encinitas, Kalifornien, 18. Dezember 1939
Teilt eure Zeit so ein, dass ihr Gott suchen könnt. Heute will ich vom allgegenwärtigen Christus- oder Krishna-Bewusstsein sprechen, durch das man Ihn finden kann.
Der durchschnittliche Mensch ist sich hauptsächlich der Sinneseindrücke bewusst. Er sieht mit seinen Augen und hört mit seinen Ohren; und allmählich erweitert er seinen Geist, indem er über die Botschaften der Sinne nachdenkt. Der Mensch hat große geistige Kräfte, doch er muss sie entwickeln. Obgleich er an seinen Körper gefesselt ist, kann er dank seiner Intelligenz und Vorstellungskraft den Himmelsraum erforschen, kann entdecken, dass das Licht von einem fernen Stern, der schon Millionen Jahre nicht mehr existiert, immer noch auf Weg zur Erde ist.
Doch ganz gleich, wie hoch sich der Mensch geistig entwickelt, er unterliegt immer noch den Begrenzungen seines physischen Körpers. Wenn er von einem Stein getroffen wird, ist es aus mit ihm. Aber Jesus bewies dank seiner hohen geistigen Entwicklung eine bedeutsame wissenschaftliche Tatsache: der Körper besteht aus

unzerstörbarer Energie. Er ist nicht die feste Masse, als die er erscheint.

Heutzutage definiert man den physischen Körper des Menschen im Wesentlichen als elektromagnetische Welle. Wenn man den Körper eines 80 Kilogramm schweren Menschen in eine spezielle Säure legte, würde er sich vollständig auflösen. Wo wäre er dann geblieben? Scheinbar wäre der Körper verdunstet und hätte sich in Gase aufgelöst. Doch sein gesamtes atomares Gewicht würde immer noch 80 Kilogramm betragen. Aber einen Körper, der sich in seine Bestandteile aufgelöst hat, kann man mit den physischen Augen nicht mehr sehen; nur mit Hilfe wissenschaftlicher Instrumente kann man seine Gegenwart als atomare Dämpfe feststellen. Das Entschwinden des Körpers bedeutet nicht, dass er aufgehört hat zu existieren; er hat lediglich seine Form verändert.

Vom metaphysischen Standpunkt aus kann man den Körper als einen Gedanken im Geist Gottes ansehen. Er existiert in Seinem Bewusstsein ähnlich wie in unserem Bewusstsein während des Träumens. Unser Traumbewusstsein erschafft eine körperliche Gestalt aus konzentrierten Gedanken und Energie. Diese Gestalt entschwindet, sobald unser Bewusstsein wieder in den turbulenten Wachzustand zurückkehrt.

Jesus hatte jenen erleuchteten Bewusstseinszustand erreicht, in dem er durch direkte Erkenntnis wusste, dass der Körper nur eine Masse von Energie ist. Weil er dies erkannt hatte und sich nicht nur einbildete, war er fähig, seinen Körper nach der Kreuzigung wieder auferstehen zu lassen. Kurz zuvor, als einer seiner Anhänger dem Diener des Hohenpriesters ein Ohr abgeschlagen hatte, legte Jesus seine Hand auf die Wunde und heilte das Ohr. Die neuzeitliche Wissenschaft kann noch nicht erklären, wie so etwas zustande kommt. Das höchste Ziel besteht in der Erkenntnis, dass der Körper und alles andere im Universum im Wesentlichen GEIST ist. Der durchschnittliche Mensch ist sich dessen nicht bewusst. Jesus Christus aber wusste es.

Wir werden Jesus besser verstehen, wenn wir daran denken, dass er das Kosmische Bewusstsein des Himmlischen Vaters, das in der ganzen Schöpfung gegenwärtig ist, erlangt hatte. Sein Name war Jesus, und sein Titel war »Christus« - eine seit alter Zeit bestehende Bezeichnung, die dem Sanskritwort Kutastha entspricht (»das Bewusstsein, das in jedem Atom vorhanden ist«). Er war Jesus, der Christus.

Vor über 3000 Jahren, also noch vor der Zeit Jesu, wurde in Indien ein großer Avatar geboren, dessen Familienname Jadava lautete. »Krishna« (oder »Christ-na«) war sein geistiger Titel, der dasselbe bedeutet wie »Christus«: das göttliche Bewusstsein, das in der Schöpfung allgegenwärtig ist. Er war Jadava, der Krishna.

Die heiligen Schriften berichten von den Wundern, die Christus und Krishna vollbracht hatten und die bewiesen, dass ihr Bewusstsein nicht an den Körper gebunden war wie das eines durchschnittlichen Menschen. Jesus und Jadava hatten ihr Bewusstsein über den physischen Körper erhoben, um das ganze Universum - ihren kosmischen Körper - zu umfassen. Sie waren im Einklang mit dem göttlichen Bewusstsein, das gleichzeitig in jedem einzelnen Atom gegenwärtig ist. Sie stellten sich dies nicht nur vor; ihr Bewusstsein war eins geworden mit dem des Himmlischen Vaters, der allgegenwärtig und allwissend ist. Eine solche Erweiterung des Bewusstseins, wie Jesus und Jadava sie erlebten, musste erst erworben werden. Alle Menschen können ihr Bewusstsein ebenso in die Unendlichkeit ausdehnen, wenn sie Hingabe besitzen und mit Hilfe wissenschaftlicher Methoden über den Herrn meditieren. »Gott ist Geist, und die ihn anbeten, die müssen ihn im Geist und in der Wahrheit anbeten.«

»Jesus Christus« bedeutet also »Jesus, dessen Bewusstsein das ganze Universum umfasst«. Als sein Freund Lazarus in Bethanien starb und Jesus, der sich an einem anderen Ort befand, zu seinen Jüngern sagte: »Lazarus schläft«, hatte er dies nicht durch irgendeinen menschlichen Boten erfahren. Es war das universale Christusbewusstsein, das sich in ihm offenbarte und ihn befähigte, sich nicht nur in seinem eigenen Körper zu fühlen, sondern auch im Körper des Lazarus. Auf diese allgegenwärtige Intelligenz bezog er sich auch, als er sprach: »Kauft man nicht zwei Sperlinge um einen

Pfennig? Dennoch fällt deren keiner auf die Erde ohne euren Vater (ohne dass er es weiß).«

Wenn ihr die Augen schließt und zehn Personen bittet, euch anzufassen, wisst ihr genau, wann und wo ihr berührt werdet. Ähnlich fühlt und sieht auch Gott alles in Seinem gewaltigen Kosmos. Jesus Christus und Jadava Krishna hatten dieses allgegenwärtige Bewusstsein erlangt. Jesus wusste daher, dass sein Körper eine Schöpfung des göttlichen Geistes war. Und da er sich im Einklang mit diesem Kosmischen Bewusstsein befand, war es ihm möglich, seinen Körper drei Tage nach seiner Kreuzigung und Grablegung neu erstehen zu lassen. Krishna besaß dieselbe Macht und vollbrachte zahlreiche ähnliche Wunder. Einmal hielt er einen schützenden Berg über das Dorf, in dem er sich befand. Viele seiner Wunder werden bloße für Legenden gehalten, doch die meisten von ihnen sind wahr. Krishna war einer der größten indischen Yogis. Yoga lehrt Herrschaft über den Körper, so dass ihr verstehen lernt, dass das Fleisch nichts als verdichtete Energie ist. Und was ist Energie anderes als ein Erzeugnis von Gottes Denken? Er konzentrierte sich, das heißt, er dachte, und sofort entstand Energie. Das Universum besteht aus materialisierten Gedanken.

Nehmen wir einmal an, ich träume, dass ich Menschen, Wasser und die Erde erschaffen habe; doch wenn ich aufwache, stelle ich fest, dass ich nichts anderes als Ideen erzeugt hatte. So besteht auch der Unterschied zwischen festen, flüssigen und gasförmigen Stoffen nur in Gottes Gedanken. Jesus wusste dies, und weil er sich im Einklang mit dem göttlichen Bewusstsein befand, konnte er über das Wasser gehen und Wasser in Wein verwandeln. Für ihn waren der Körper und das Wasser nichts als projizierte Gedanken Gottes; und er wusste, dass es leicht war, einen Gedanken (den Körper) von einem anderen Gedanken (dem Wasser) tragen zu lassen.

Wenn ihr einschlaft und träumt, seht ihr euch vielleicht auf dem Wasser wandeln, so wie Jesus es tat. Warum ertrinkt der Traumkörper nicht im geträumten Meer? Weil beide nichts als Gedanken sind. Wenn ihr also, wie Jesus, einmal erkannt habt, dass es im Universum nichts anderes gibt als Geist oder Bewusstsein, könnt ihr alles vollbringen. Der Körper ist materialisierter Gedanke, das Meer ist materialisierter Gedanke, und ihr könnt den einen Gedanken auf den anderen stellen.

Jesus und Krishna können euch erscheinen, wenn ihr sie mit tiefer Hingabe herbeiruft. Dann wird das Unsichtbare sichtbar - ähnlich wie Dampf durch einen Verdichtungsvorgang gefroren und in festes Eis verwandelt werden kann. So kann auch der unfassbare Gott durch eure Hingabe in die sichtbare Gestalt von Krishna oder Jesus oder irgendeinem Heiligen, den ihr zu sehen wünscht, »gefroren« werden. Wenn ihr über Christus meditiert, ist es nicht nötig, ihn in körperlicher Gestalt zu sehen, obgleich das möglich ist. Heute jedoch spreche ich über den geistigen Christus. Wenn ihr diesen Jesus kennenlernen wollt, müsst ihr zuerst sein geistiges Wesen verstehen. Sein Körper unterschied sich nicht von dem anderer Menschen, doch sein Geist erstreckte sich über das ganze Universum. Wenn ihr Schwierigkeiten habt, euch das vorzustellen, schließt einmal kurz die Augen. Dann seht ihr euren Körper nicht mehr. Doch geistig könnt ihr in jeder Richtung Millionen Meilen zurücklegen, ohne den Körper zu benutzen. Unser Geist ist der Schöpfer aller Dinge. Wenn ihr das Wesen des Geistes erkannt habt, seid ihr Herr über alles geworden, denn alles besteht aus Geist. Diese schönen Gebäude und Gärten sind Erzeugnisse von Gedanken. Alles, was existiert, ist dem Kosmischen Geist entsprungen. Vergesst also nicht, dass Christus das universale Bewusstsein ist, das uns von den Sternen aus beobachtet, das sich selbst des winzigsten Sandkörnchens am Strand bewusst ist. Ich höre Sein Lied in den Vogelstimmen und im Rauschen des Windes. Ich schaue Seine wunderbare Gestalt am Himmel, in den Bergen und im Meer. Jeder Gedanke, den ich denke, entspringt dem Bewusstsein Christi.

Während jedes kosmischen Schöpfungszyklus teilt sich der GEIST in die Dreieinigkeit auf. In der Rolle des Vaters ist der GEIST der Schöpfer des Universums. Er erdachte die Elektronen und Atome, und diese begannen sich zu Dampf zu verdichten, das Dampf zu Wasser, das Wasser zu festen Stoffen. Auf diese Weise projizierte der GEIST aus sich selbst heraus die kosmische Schöpfung. Sie ist Sein

Körper, Seine Gestalt.

Die den ganzen Kosmos durchdringende Intelligenz wird Christusintelligenz oder Kutastha-Chaitanya genannt. Das ist er »eingeborene Sohn« - die Widerspiegelung der Intelligenz des Vaters in der ganzen Schöpfung. Jesus und Krishna lebten im Einklang mit diesem Bewusstsein.

Die Dreieinigkeit in den heiligen Schriften der Hindus entspricht der Dreieinigkeit in der christlichen Bibel.

Die Heilige Dreieinigkeit von Vater, Sohn und Heiligem Geist in der christlichen Bibel entspricht der Trinität in den heiligen Schriften der Hindus: OM, Tat, Sat. Gottvater ist Sat - der GEIST jenseits aller Schöpfung. Der Sohn ist Tat - Katastha Chaitanya oder die Christusintelligenz innerhalb der ganzen Schöpfung. Der Heilige Geist ist OM oder Amen – das Wort oder die Kosmische Schwingung, welche die Schöpfung aufbaut.

Wenn Gott am Ende eines Schöpfungszyklus alles in sich selbst zurückzieht, gibt es nur ein Wesen - den GEIST: die ewig bestehende, ewig bewusste, ewig neue Glückseligkeit. Doch in jedem neuen Schöpfungszyklus projiziert sich der GEIST wieder als die Dreieinigkeit - als Vater, Sohn und Heiliger Geist.

Der Mensch ist ein verkleinertes Abbild der ganzen Schöpfung. Das physische Universum ist der unermessliche Körper Gottes; die kosmische elektrische Energie ist der astrale Körper Gottes; und die Seele oder das Leben in allen Dingen ist das Wesen Gottes. Alles ist von Leben erfüllt.

Erweitert euer Bewusstsein und erkennt den wahren Christus

Um den wahren Christus finden zu können, müsst ihr euer Bewusstsein erweitern, so wie Jesus es getan hat. Ihr beginnt geistig zu wachsen, wenn ihr lernt, für andere genau dasselbe zu fühlen wie für euch selbst. Ihr beginnt zu wachsen, wenn ihr für alle Familien dasselbe fühlt wie für eure eigene, in die ihr hineingeboren wurdet. Ihr beginnt zu wachsen, wenn ihr auf alle Nationen so stolz seid wie auf euer eigenes Land. Und ihr seid gewachsen, wenn ihr bereit seid, eure Eigenliebe zugunsten der größeren Liebe für die ganze Menschheit aufzugeben. Das erwartet Gott von euch. Jede Nation, die gegen die göttliche Aufforderung verstößt, die ganze Menschheit zu lieben, wird furchtbar leiden müssen. Der Himmlische Vater versucht, Einheit im Universum zu schaffen, und das kann nur geschehen, wenn alle einander lieben. Wir müssen geistig wachsen. Wir müssen alle Nationen so lieben wie unsere eigene.

Ihr müsst alle Vorurteile aus euren Gedanken ausräumen. Denkt immer daran, dass Gott sich in jeder Rasse, jeder Nationalität verkörpert hat. Er ist im Schwarzen wie im Hindu verkörpert, im Juden wie in allen anderen. Wahres Christentum bedeutet, dass ihr wie Christus werdet und alle Menschen unterschiedslos liebt.

Wenn ihr das, was Christus lehrte, in die Tat umsetzen wollt, müsst ihr alle Menschen als Kinder eures einen Vaters lieben; wenn ihr es geistig umsetzen wollt, müsst ihr meditieren, bis ihr die unermessliche Freude Gottes im Christusbewusstsein erlebt. Allumfassende Brüderlichkeit wird erst möglich sein, wenn ihr euch durch tiefe Konzentration und Hingabe von allen ruhelosen Gedanken und Gefühlen zurückzieht und den Tempel der Seele betretet, wo ihr die unermessliche, ständig zunehmende Freude Gottes fühlt, welche die ganze Welt erfüllt. Dann erkennt ihr, dass nichts anderes existiert als DAS. Dann könnt ihr sagen: «Ich bin eins mit dem ewigen Licht Gottes, der ewigen Freude Christi. Alle Wellen der Schöpfung wogen in mir. Ich habe die Welle meines Körpers in Meer des GEISTES aufgelöst. Ich bin zum Meer des GEISTES geworden. Ich bin nicht mehr der Körper. Mein Geist schläft in allen Steinen. Ich träume in den Blumen, und ich singe in den Vögeln. Ich denke im Menschen, und im Übermenschen weiß ich, dass ich bin.» In diesem Zustand erkennt ihr, dass Feuer euch nicht vernichten kann, dass Erde, Gras und Himmel eure Blutsverwandten sind. Dann wandelt ihr wie ein Geistwesen auf dieser Erde und fürchtet euch nicht mehr vor den stürmischen Wellen der Schöpfung.

Dies ist meine Botschaft an euch: Meditiert jeden Abend, bis ihr alle weltlichen Gedanken und Wünsche verbannt habt «Wisst ihr nicht, dass ihr Gottes Tempel seid und der Geist Gottes in euch wohnt?» Gott hat euch alle gesegnet und zu Seinem Ebenbild erschaffen. Ihr aber habt dies vergessen und euch mit dem Körper identifiziert. Doch

Jesus kam in diese Welt, um der ganzen Menschheit zu verkünden: «Macht euch keine Sorgen um den schwachen Körper. Erhebt euch in Meditation über ihn und werdet eins mit dem GEIST.»

Mein größter Wunsch für euch ist, dass euer Bewusstsein von der Liebe und Gegenwart Christi erfüllt werde.

Aus dem Kommentar von **Sukadev zu I. 37.**

Wir Menschen im Westen sind es nicht gewöhnt, uns vorzustellen, daß wir selbst vollkommen sein könnten. Wir streben zwar nach spiritueller Vollkommenheit, aber wir können sie uns bei uns selbst gar nicht vorstellen. Wir gehören einer Tradition an, wo Demut in der Spiritualität eine sehr große Rolle spielt und auch der höchste Heilige noch von sich sagt: „Ich bin der größte Sünder." Je mehr man sich als Sünder bezeichnet, desto heiliger gilt man. Das ist in unserer Kultur so. In Indien haben zwar die Meister auch echte Demut, aber sie haben auch keine Hemmungen, gegenüber engeren Schülern festzustellen: „Ich habe das Selbst verwirklicht, ich habe die Erleuchtung erreicht." Andererseits laufen sie natürlich nicht ständig herum und erzählen es jedem. Wenn sie das tun, ist es auch nicht echt, denn dann haben sie es nötig, es zu erzählen!

Aber nehmen wir zum Beispiel einen Swami Vivekananda, der zu Paramahansa Ramakrishna, einem der größten Yoga-Meister des 19. Jahrhunderts, gekommen ist und ihn gefragt hat: „Hast du Gott gesehen?" Ramakrishna schaute ihm in die Augen und antwortete: „Ja." Daraufhin fragte Vivekananda: „Wann siehst du ihn?" „Immer. Ich sehe ihn so, wie ich dich sehe, nur immer und deutlicher." „Kann ich ihn auch sehen?" „Ja. Willst du sehen?" „Ja." „Sicher?" „Ja!"

Und Ramakrishna streckt den Fuß aus und berührte Vivekananda, worauf Vivekananda eine Gotteserfahrung hatte - diese war für ihn jedoch zu großartig, zu machtvoll, so daß er nachher darum bat, so schnell nicht wieder eine zu haben.

Literatur

I.K. Taimni, Die Wissenschaft des Yoga, Die Geheimnisse der Yoga-Sutras entschlüsselt, Antiquariat

Marshall Govindan, Die Kriya Yoga Sutras des Patanjali und der Siddhas, Yoga Verlag

Sukadev Volker Bretz, Die Yogaweisheit des Patanjali für Menschen von heute, Verlag Via Nova

Glossar

abhinivesa, Anhaften
abhyasa, Übung
ananda, Glückseligkeit
anga, Glied
arta, Objekt
asamprajnata, ohne Objekt
asana, Körperhaltung
asmita, Ich-heit
astanga, acht Glieder
atma, Selbst-Verwirklichung
avidya, Unwissenheit
bandha, Bindung
bhavana, Nachdenken, Übung
bija, Samen
brahman, das Absolute
caitanya, kosmisches Bewusstsein
cit, Bewusstsein
citta, Verstand
desa, Ort
dharana, Konzentration
dharma, Merkmal, Recht
dhyana, Meditation
dhuka, Leid
dvesa, Abneigung
ekagrata, Sammlung
guna, Eigenschaft
isvara, Gott(heit)
jiva, Einzelseele
jnana, Erkenntnis
kaivalya, Befreiung
karma, Handlung
khyati, Gewahrsein
klesa, Leid

kosa, Körper
kriya, Aktivität
mantra, heiliges Wort
nirbija, ohne Samen
nirodha, Zurückhaltung
niyama, Regeln
para, höchster
pradhana, Natur
prajna, höheres Bewusstsein
prakrti, Natur
pranayama, Atemübung
pratyahara, Zurückziehung
purusa, Selbst
raga, Verlangen
rajas, Aktivität
sabda, Ton
sabija, mit Samen
sadhaka, Schüler
sadhana, Schulung
sakti, Energie
samadhi, Überbewusstsein
samprajnata, samadhi mit Prajna
samskara, Eindruck, Neigung
samyavastha, Gleichgewicht
sattva, Reinheit
siddhi, okkulte Kräfte
siva, Absolutes
sudhi, Reinheit
sunya, leer
svarupa, wahre Form
tamas, Trägheit
vairagya, Nichtanhaften
vibhuti, zur Entwicklung kommend

viveka, Unterscheidungskraft
vrtti, Modifikation
yama, Selbstbeschränkung

Albert Tigges

Über den Autor

Geboren wurde ich 1953 im Sauerland. Nach dem Medizinstudium in Münster und Weiterbildung zum Facharzt für Allgemeinmedizin habe ich mich 1988 als Hausarzt im Sauerland niedergelassen. Ich bin verheiratet und habe 2 Töchter.

Als Hausarzt kennt man Leid in Form von Alter, Krankheit und Tod. Die Frage nach den tieferliegenden Ursachen für Leid führt zu existentiellen Fragen.